全力で歩き通せ！

折乃笠部長徒歩の旅

折乃笠 公徳
ORINOKASA Kotoku

文芸社

刊行に寄せて

1、著者との出会い

最初の出会いは会社のインフォーマル活動の会場であったと思う。

一言でいえば、大変、「爽やかな笑顔」が印象的であった。

その後、縁があり、一緒に仕事をするようになっても第一印象のままであった。

2年間、毎日、顔を合わせ、会話し、そこには必ずと言っていいほど、著者口癖の「いいですね～」と「爽やかな笑顔」があった。

その「爽やかさ」はどこから来るのか興味を持って接しているうちに、仕事以外の「変わった時間（？）の過ごし方」からではないかと気づいた。

どんな過ごし方なのか？

著者の1冊目『全力で突っ走れ！　蔵出し　折乃笠部長ブログ』を読めば、なるほど「いいですねえ～」と納得する。

今回は2冊目の作である。2冊目を読めば更に合点がいく。

つまり、オンとオフの使い分けが上手いのである。

2、『全力で歩き通せ！　折乃笠部長徒歩の旅』を読んで

著者によれば、「徒歩は手段。目的は修行することにより、自分を高めること」らしい。決めたルートをひたすら歩き、見聞し、そしてまた歩く。

ひたすら歩くことを通じて自分と向き合う時間が生まれるのではないかと思う。自分の内面を巡る時間を過ごしているのではないかとさえ思えてくる。

全体として、見たまま、思ったままの淡々とした文章が続くが、「葛飾区」の部分では一気に感情が高まってくる場面が印象的である。

やはり、故郷は訪れるものを包んでくれるらしい。包んでくれるというよりはむしろ、過去に過ごした思い出が蘇り、一時的に脳が支配されるのかもしれない。「矢切の渡し」まで登場して、著者の心情がいっそう盛り上がる場面である。著者にとって「心の風景」なのだろう。

自分で立てた目標を実行し、クリアするのは達成感があり、次のチャレンジに繋がる。「東京23区探索徒歩達成～23回で総距離数469キロ、2014年の目標達成！」

著者独特の感性で23区の評価をしているが、読者や地元の人の評価と比較してどうだろうか？　願わくは、「たくさんの読者」が反論／賛同（?）して、著者と議論してほしいものである。

作者の「修行」のために毎回、送り迎えをしてくれる奥様がさらりとさりげなく挿入されているのも心憎い配慮である。感謝してもしきれない気持ちが滲み出て、著者の愛妻家ぶりが垣間見える。迎えてもらってほっとする瞬間の息遣いまでが伝わってくる。

３、最後に

楽しい時間を過ごすことは心が穏やかになり、幸せな気分になれるのだとこの本を読めば実感することができる。

自分で決めたルートを歩き通した後のビールのうまさも伝わってくる。

幸せかどうかは他人が決めるものではなく、自分が決めるものだとは思うものの、著者はつくづくと幸せな人だと思う。

「いいですねえ〜」

下成　誠

大型商用車メーカー元常務執行役員（折乃笠が部長の時の上司）

はじめに

私、折乃笠は1982（昭和57）年大型商用車メーカーに入社し、それ以来エンジニアとして全力で突っ走ってきました。設計部長、技術管理部長やダカールラリー戦闘車のチーフエンジニア（開発責任者）を歴任しました。開発の仕事というものは、途中の道で、多くの難所、行き止まり、登りきれない坂があります。何度も立ち往生しながらも、何とか歯を食いしばって乗り越えてきました。

そんな経験と思いを若い人たちに伝えたくて、2007年、満50歳の時、〝折乃笠部長ブログ〟を部内、社内に発信を開始しました。その後、その成果を生かしてさらにパワーアップし、一生のテーマとして〝人間らしく生きる〟を追求するために、1年に1テーマでチャレンジ・修行をし、エッセイ（ブログ）にまとめています。

具体的には、過去から現在、そして未来に向かって、しっかり目的（何のためにやるのか）と目標（いつまでに何をどうするか）を持って、様々なチャレンジ・修行をベストを尽くして実行してきました。時には大きな失敗や挫折を味わって、なんでこんなことしているんだろうと、やめてしまいそうにもなりました。でも、そこが自身の修行で心身共に成長するチャンスなんですね。また、エッセイ（ブログ）作成では、構想、計画、現地・現物調査、研究、考察、まとめと膨大な作業となり、そのプロセスがまた自身の修行になりました。

今回はその中で、「２０１４年東京23区探索徒歩の旅」、「２０１５年大月ー日野ノンストップ徒歩の旅」、「２０１５年神奈川の歴史を訪ねる徒歩の旅」についてご紹介します。人、歴史、宗教、自然、文化、生活などを歩くことにより、自分自身の五感と足で探索しています。徒歩は、今まで気づかなかった景色、音、匂い、味、空気をじっくり感じることができます。さらに歩く速度と考える速度が同じなので、歩きながらじっくり考えることができ、次の行動にフィードバックできます。

この度、読者の皆様には本書をお読みいただき誠にありがとうございます。
私、折乃笠といたしましては、読者の皆様が、
笑って涙して感動して元気になれますように。
歩くという人間の本来の姿の良さを改めて知っていただけますように。
人生には回り道も必要、無駄なことは一つもないことをわかってもらえますように。

そして、本書を読み終えた時、人として何が大切か、真の幸せとは何か、を考えていただけるように願っています。

目次

第一章　東京23区探索徒歩の旅

(1) 全体計画

◇はじめに

3年間、山梨、富士山の自然、文化、生活などを、歩くことにより自分自身の五感と足で探索してきた。

徒歩は手段。目的は修行をすることにより自己を高めることにあった。

2014年は、その目的は自己を高めることには変わりはないが、手段として東京23区という魅力的な場所の「人、文化、風土、自然」を調べ、徒歩で訪ね、自分なりの考察をするというチャレンジをする。

◇目的(何のためにやるのか)

・日本人に生まれて良かったと思うため。
・有言実行。
・何ごとにも目的を持ってチャレンジするため。常に歩くこと。

◇目標（いつまでに何をどうするか）

・東京探索を通じて日本・日本人の素晴らしさを再確認する。
・23区を同基準で評価し、それぞれの特長の理解を深める。
・約４７０キロ（平均20キロ／回）徒歩に挑戦する。
・行き帰りの交通機関を楽しむ。
・それぞれのご当地グルメを楽しむ。

◇23区評価方法

２０１４年1月〜12月（計23回／年）
主観的評価（第一印象、活気、あたたかさ、センス、清潔感）と、客観的評価（文化、伝統、自然、芸術、技術）の10項目について5段階評価し、各数値をグラフ化。総ポイント数の合計得点でランク付けを行う。結果は、「（８）まとめ」に記載。

◇自身で思っていること

・1年で23回の徒歩の旅は、回数的にも大きなチャレンジとなる。
・最新モバイルパソコン導入により、移動中の生情報でブログ作成にチャレンジする。
・有言実行、周りにやるぞと言ってしまった、もう逃げられない。

（ただし、移動中のブログ作成で、帰りは飲んでしまうのでご勘弁ください）
・田舎のおじさんの都会的センスが少しは磨かれるだべか？
・自分なりに日本の心を構築していく。

なお、今回紹介する紀行文は、荒川区、大田区、葛飾区、渋谷区、墨田区、練馬区の6区。

（2）荒川区　青春時代を訪ねる旅

◇旅前の荒川区の印象

荒川区は私の出身地葛飾区の隣であり、葛飾区より少し都会で洗練されているイメージ。特記事項として、私の出身校、都立航空高専（現都立産業技術高専）が荒川区の南千住にある。私が15歳～20歳の血気盛んな青春時代を過ごした場所である。下町の人情を持ち、おっちょこちょいで小悪で涙もろいクラスメートたちと過ごした楽しい場所でもある。荒川区への徒歩の旅は、まさに自らの青春時代を訪ねる旅なのである。

◇荒川区紹介

東京都の北東部に位置する。面積は23区の中では2番目に小さい。

江戸時代は農村だったが、明治時代から荒川の水を使うために多くの工場が建設され、工業化が進んだ。

現在は下町としての特色を強く残す一方で、工場跡地を活用した大規模な再開発や公園整備が行われている。特に区北部の南千住地区の再開発は都内最大級の規模で、大規模マンションが建設され、若いファミリー層を中心に人口が増えている。

地名は河川名の「荒川」を由来とする。なお、現在都内を流れている荒川は「放水路」、人工河川である。荒川放水路が本流となる前は、現在の隅田川が荒川と呼ばれていた。

◇今回の荒川区徒歩の旅ルートと全体概要

〈往路〉大月駅↓（中央本線）↓新宿駅↓（山手線）↓大塚駅↓（都電荒川線）↓荒川車庫前駅
以下は徒歩で。荒川車庫前駅↓日暮里↓荒川区役所↓南千住↓都立産業技術高専↓南千住駅11・5キロ

〈復路〉南千住駅↓（常磐線）↓日暮里駅↓（山手線）↓東京駅↓（中央本線）↓大月駅

２０１４年３月23日（日）５時20分 起床。

猫のあぐりに起こされる。外は暗くひんやりして半分欠けたお月さまが輝いている。今日は、東京23区徒歩の旅の２回目。荒川区へ行く。

２月、３月は、大雪だの子どもの引っ越しなどで計画を予定通り実行できなかった。

朝食は、おにぎり２個、キャベツの味噌汁、ほうれん草のおひたし、野菜ジュース、桃のヨーグルトとヘルシー系。大月駅まで家内に青い折乃笠プリウスαで送ってもらう。

６時00分 東京行き快速電車は大月駅を出発。

コーヒーを飲みながら今日のプランをパソコンで確認（自己満足の世界である）。

７時47分 山手線大塚駅着。

ここで都電（都営荒川線）に乗り換える。大塚にはつい最近まで長女と次男が住んでいたため来慣れている。都電に乗る。懐かしい～。昔と同じく、出発するときにチンチンと鐘を鳴らす。乗客も下町の人そのもの。いいですねえ～。運転手さんが沿線の子どもに手を振っている姿が実に微笑ましい。

電車が行き交うたびに運転手さん同士が頭を下げて挨拶をしている。なんだろう？　この真面目さは？　そう、真面目が一番！（誰だ？　今ぷっと噴き出したのは？）ゆっくりとした時間がすぎていく。

８時15分 荒川車庫前駅着。

18分の乗車で、すっかりあたたかい気分になった。おや、車庫に都電1系統を走っていたＰＣＣカー（その頃は最先端技術）が展示されていた。流線型で今でもかっこよい。

８時20分 日暮里に向けて徒歩の旅、出発。

青空と都電の線路沿いの道、とても静かである。ここは西尾久7丁目。道路には、ゴミがまったく落ちていない。

尾久駅通過。ここは北区になる。今、荒川区と北区の境を歩いている。住宅街は本当に静かである。

小台銀座という商店街に入る。いいですねえ～。下町そのもの。西尾久1丁目。

おっ！　今年初めての桜の花。綺麗～。私は桜の花が一番好きなんす。と思いきや下腹が……。昨日寝しなに飲んだ酎ハイレモンストロング５００ccの影響か？

あっ！　助かった。目の前にファミマが。落ち着いて入店。すいませんが、用足しさせてください。

8時55分 桜の花を見上げながら、さわやかに出発。

街並みに入る。見上げると先回乗った日暮里・舎人ライナーの橋げたがあった。しばらく路線に沿って進む。明治通りを横断し、一路、日暮里を目指す。

常磐貨物線の踏み切りを渡る。今時、踏み切り？　でも情緒あるなあ。

今度は京成上野線の下を潜る。スカイライナーが成田空港に向かって加速中。

日暮里駅の近くを歩いている。何やら種々の飲み屋さんが多くなってきた。今度は夜に来ようかな。


9時30分 日暮里駅着。

荒川車庫駅から直線で来るならば、そんなに遠くないが、今回はジグザグに歩いて時間がかかった。まっ、これが、徒歩の面白さなのだ。しかし、日暮里駅はずいぶん近代化されたなあ。今や荒川区を代表する駅となった。

駅前に「回天一枝　太田道灌の像」があった。

太田道灌は、扇谷上杉氏の武将。１４５７年、江戸城を築城、河越城を修築し、江戸、河越の防衛にあたり、扇谷上杉氏の勢力伸張に力を尽くしたとされている。道灌の名声は、関東では主家をも凌ぐものとなり、それを危惧した主君・上杉定正によって暗殺されてしまった。

近代ビルと新交通システムと太田道灌の像が妙にマッチしていた。

9時37分 日暮里駅を出発。

荒川区役所を目指す。荒川区立ひぐらし小学校通過。校庭は土ではなく、アスファルトできれいにコースが塗られていた。都会の学校は皆こんな感じなのだろうか。土の上で遊んできた私にとっては、とても寂しく思われた。

荒川区立せせらぎの小路を行く。目の先にＪＲ常磐線三河島駅が見える。

三河島駅を通過し、再び明治通りに。それにしてもこの辺は焼き肉屋が多いなあ。

10時16分 荒川区役所着。

建物と前庭の調和が素晴らしい。静けさの中に躍動感が感じられる。荒川区は、主要幹線道路も街の路地にもゴミがほとんど落ちておらず、きれいである。行政の良さがうかがえる。北村望「夢」のモニュメントとチューリップ、桜の花との調和がたいへん良かった。公衆トイレもとてもきれい。

10時25分 ジョイフル三ノ輪入り口着。

下町のアーケード街。この雰囲気懐かしい〜。魅力的ないろいろなお店がある。大きなお惣菜屋さんがある。メンチカツ、うまそう。大判メンチカツを購入。おいし〜。心もあたたか〜。

終点の都電三ノ輪橋駅に寄ってみる。ま〜、のどか〜。東京とは思えません。

円通寺通過。百観音のでかいこと、でかいこと。ビルの6階分くらいある。

南千住仲通り。商店街と高層ビルが妙にマッチしている。

いよいよ南千住にやってきた。

ここで南千住を紹介。

江戸時代に栄えた千住宿はもともと隅田川の北岸（北千住）のみであったが、隆盛するにつれて南岸（南千住）にも範囲が広がった。北千住には本陣があったのに対し、南千住には一般旅行者向けの木賃宿が軒を連ねていたという。また、宿場のはずれには仕置き場（小塚原刑場）があり、約20万人がここで処刑された。明治維新以降に、千住は隅田川を境に現在のように北と南に分断された。吉原や山谷も近いが、再開発が進み、その雰囲気を変えつつある。

11時10分 回向院。小塚原の処刑場跡に到着。

吉田松陰、ねずみ小僧の墓もあり。独特の雰囲気あり。

貨物専用の隅田川駅横を通り、我が母校に向かう。

隅田川駅を一望する。すげ～広い。右にコンテナヤードが見える。貨物専用の隅田川駅構内をのぞき込む。多くのコンテナ専用トラックがいる。全て単車。我が社に提案、ここで物流システムの調査をすべきである。

この住居ビルの規模、これはすごい。全然昔と違う。すごい発展ぶりである。


11時40分 母校着。旧都立航空高専。

今ではすっかり建て替えられて昔の面影はない。名前も都立産業技術高専に変わった。正式名称は東京都立産業技術高等専門学校荒川キャンパスである。鮫洲にあった都立工業高専と統合した結果だ。私が所属していた航空原動機工学科はなくなっていた。

私はここを卒業して長岡技術科学大学の一期生として進学することになるが、全国の優秀な高専出身者を相手に航空高専出身の取り柄を生かし、成績は超低空の曲芸飛行を実施することになる（落ちそうで落ちない）。

航空機格納庫の中に入れてもらえた。かつて私たちが勉強した懐かしい機体がほとんど残っていた。Ｆ８６Ｆセイバー戦闘機などなど。

「友よ」の祈念碑。我々が卒業する年、ワンダーフォーゲル部が木曽駒岳で雪崩にあい、

7名もの命がなくなった。この記念碑建立の主旨を王子のご家族に説明に行った時はつらかった……。友よ。皆で一緒に卒業したかったたな。

12時00分 汐入地区。

昔はここに母校があった。いや〜。びっくりした。ここまで変わろうとは！　超近代住居都市という感じだ。公園の規模もすごい。昔は草ぼうぼうの更地であったのに。この雄大な都市計画をした東京都と荒川区に脱帽する。素晴らしいの一言である。

隅田川に出た。満開の桜が迎えてくれた。一杯飲みたくなってきた。しばらく隅田川沿いを歩く。春らしいさわやかな風が吹いている。スカイツリーも見えている。

隅田川とお別れして南千住駅へ向かう。東京メトロ日比谷線の車両基地があった。全て中目黒行きになっていた。昔は東急菊名行きなどがあったのに、寂しい。

三井ショッピングパークLaLa Terrace。規模といい、センスといい、素晴らしい。中でも一番素晴らしい点は、私が好きなダイソー、しまむら、ユニクロが一カ所に集まっていることである。30年あまりでここまで総合都市ができるのか？　驚愕の世界である。

12時30分 ゴールのJR南千住駅に到着。

約13・5キロ、4時間10分の徒歩の旅であった。

駅前の中華食堂へ。締めのタンメンとライス。塩味とライスがベストマッチ、うまかった。その後、ハンバーガーショップでデータ整理実施。

16時30分 大月駅着。ご褒美の一杯は家でお風呂に入ってからのお楽しみに。

こうして2回目の荒川区の旅は終わった。街のあたたかさと変化の大きさにびっくりした貴重な旅だった。やはり、自分の足で行き、自らの目で見ないと物事はなかなかわからないものである。

改めて荒川区に好印象を持った。活気があり、街全体があたたかい雰囲気だ。

下町情緒豊かな都電が走り、南千住汐入地区の超近代的住居都市がある。

母校の都立高専は本当に懐かしく、胸が熱くなった。

荒川区、これからも下町と近代化をうまくバランスさせながら発展していってほしい。

(3) 大田区　山の手と下町ロケットへの憧れの旅

◇旅前の大田区の印象

大田区は私にとって比較的なじみがある地区である。蒲田というと、人情味があり、ちょっと雑然としていて、どこか下町の印象がある。大森には某自動車メーカーの本社があって、数十回は行ったことがあり、お付き合いが濃い。羽田空港は学生時代からとてもあこがれの場所である。

一点特記事項としては、田園調布が大田区にあることを知らなかったことだ。てっきり世田谷区だと思っていた。いずれにしろ、私は高級住宅街とは縁遠く、今回初めて訪れることになる。

◇太田区紹介

東京23区の西部に位置し、神奈川県川崎市と接している。区東部は埋立地。区西部は丘陵地帯となっており、広範囲にわたって民家が広がっている。

昭和22年、東京市大森区が蒲田区を編入した際に、それぞれ一文字ずつ採って「大田」区となった。

◇今回の大田区ルート

〈往路〉大月駅↓（中央本線）↓新宿駅↓（山手線）↓渋谷駅↓（東急東横線）↓田園調布駅

以下は徒歩で。田園調布駅↓沼部駅↓多摩川沿い↓下丸子↓池上本門寺↓鎌田⇕羽田⇕弁天橋⇕大森ふるさと浜辺公園⇕平和公園⇕平和島↓大森駅　27キロ

〈復路〉大森駅↓（京浜東北線）↓東京駅↓（中央本線）↓大月駅

２０１４年4月27日（土）４時44分 起床。

猫のあぐりとさわやかに起きる。外はもう明るい。気温は５度で、春だというのに朝は寒い。

今日は、東京23区徒歩の旅５回目。大田区に行く。

朝食は、おにぎり大、ミニメンチとミニコロッケ、ポテトサラダ、わかめと卵の味噌汁、紫の野菜ジュースで栄養補給。大月駅まで家内に青い折乃笠プリウスαで送ってもらう。いつも早朝にありがとう。今日の夕飯はご馳走します（ただし、次男のおごり）。

5時37分 東京行き中央特快は大月駅を出発。

連休2日目だというのに空いている。私は休みが残り8日もあると思うと気分はルンルン。途中、岩殿山、百蔵山、扇山が朝日を浴びてきらきら輝いていた。都会もいいが、山もいいなあ。コーヒーを飲みながら今日のプランをパソコンで確認。

東急渋谷駅。地下鉄副都心線の乗り入れにより、東武線、西武線、副都心線、東急線の車両が次々にやってくる。私、東武線の車両で特急元町中華街行きに乗る。が、なんと特急は田園調布に止まらない。一つ手前の自由が丘で普通電車に乗り換えが必要となる。


7時38分 田園調布駅に到着。

この駅には初めて降り立つ。オシャレ～！ 高級～！ ほかとは雰囲気がまるで違う。落ち着きと気品がある。さすが、日本を代表する高級住宅街である。線路沿いを行く。歩いている人もお上品、犬もなぜかお上品。どの家も高級感が漂っている。街並みのツツジがとても綺麗。特急電車が止まらないのは納得いかない。

多摩川駅に到着。ここで、駅前から大田区立田園調布せせらぎ公園に入る。自然豊かで、とにかく静かだ。つつじが綺麗に咲いている。太極拳をする人、ウォーキングを楽しむ人(含む私)、親子でキャッチボールをする人等々。公園を抜けると再び高級住宅街に入る。

田園調布1丁目、素晴らしいデザインの大きな家がたくさん建ち並んでいる。

8時07分 多摩川に出る。

丸子橋通過。ここから、しばらく川沿いを歩く。多くの人たちが、ジョギング、ウォーキング、サイクリングを楽しんでいる。日曜日の朝、景色がのんびりしている。対岸に川崎の高層ビル群が見えている。

多摩川の雄大な景色が続く。花も綺麗である。野球場、サッカー場が多くある。皆、一生懸命で、いい汗をかいている。何ごとも手を抜かず一生懸命やることが大事ですね。見ていて気持ちがいい。私も一生懸命、汗かいて歩かねば。緑の木々の木立を抜ける。暗めのグリーンの色になんとなく感傷的になる。物思いにふけってしまう。

ガス橋が見えてきた。ガス橋を多摩堤通りに左折する。

下丸子2丁目、ここも桜の木立が綺麗である。鮮やかなグリーンに気持ちも活動的になる。人の心って、色に左右されますね。キヤノンの大きくきれいな工場が続く。完全に周囲の環境にマッチしている。お見事。街中にゴミはまったく落ちていない。

東急多摩川線の踏み切りを通過。この辺はまだまだ踏み切りが多い。

次に環八通りを横断。今度は、国道1号線第二京浜に入り、しばらく道沿いに歩き、池上本門寺を目指す。街中の景色も変化に富んでいる。
地下鉄浅草線終点の西馬込駅付近通過。普段葛飾の実家へ行くときお世話になっている地下鉄はどのようなところが終点かと思っていた。なるほど。何ごとも考えてばかりではなく、現地・現物を見ることが大事だ。

9時35分 池上本門寺着。

山門が、しっかり参拝者を受け止めている。
池上本門寺は、弘安5年（1282）10月13日に日蓮聖人が61歳で入滅（臨終）された霊跡である。信徒であった池上宗仲公が、日蓮聖人ご入滅の後、法華経の字数（6万9384）に合わせて約7万坪の寺域を寄進され、お寺の礎が築かれた。以来「池上本門寺」と呼ばれている。本堂は均整の取れた立派な姿をしている。五重塔も素晴らしい。とても静かな寺院である。
隣にある大田区立池上会館屋上より蒲田方面を望む。絶景である。しばらく大田区の様子を観察する。大田区はなかなかいいなあ。その後、エレベーターで一階へ、一階にはレストラン、郷土品、お土産、そのほかがあり、たいへん充実している。

10時00分 東急電鉄池上線の池上駅に到着。

池上線は五反田と蒲田を結ぶ東急電鉄の支線である。池上駅は風情がある。ここで、昭和51年の大ヒット曲「池上線」が思い浮かんだ。

池上線が走る町に
あなたは二度と来ないのね
池上線に揺られながら
今日も帰る私なの

ベンチに座ってぼんやり電車を見ている。池上線の車両は3両連結で混んでいた。歌の主人公はこれに乗っていたのだろう。池上線はこの歌により日本全国で超有名になった。その詞は、とても切なく、当時学生だった私も胸を熱くして聞いたもんだ。あの人はどうしているだろう。今日、この歌の舞台に来ることができて、本当に幸せだった。

気分を変えて、次は蒲田に向けて出発。

再び多摩堤通りに出る。池上線の蓮沼駅を通過。すずらん通り5番街を通っている。「5番街のマリー」はいるかな。街並みがちょっとゴチャゴチャしている。

ＪＲ蒲田駅接近中。街並みがきれいになってきた。大田区はものづくりの街でもある。

中小企業の町工場が多い。ボブスレープロジェクト参加の大きなポスターがあった。

10時35分 JR蒲田駅西口に到着。

ここには初めて来た。

さすが大田区を代表する駅である。駅前はたいへん賑やか。整然としていてセンスが良い。駅中を横断し、東口へ。なんと、駅隣に大田区役所の立派なビルがある。区制の中心地は蒲田にあり。ここから京浜急行蒲田駅へ向かう。路地裏で蒲田消防団が訓練をしていた。基本動作に忠実で、機敏に動いている姿は気持ちがいい。映画「蒲田行進曲」を思い出した。さすが蒲田、女優の松坂慶子のようなきれいな団員がいた（どこ見てんの？）。

京急蒲田駅着。羽田空港線への接続高架線新設によりすごみが出た。横浜からの電車はここでスイッチバックする。京浜急行の主要輸送力が羽田空港に変わった。蒲田駅は京浜急行にとって最重要拠点駅となった。京急蒲田駅そばに呑川が流れており、架かっている橋の名は夫婦橋。いいですねえ〜。お酒を飲んで夫婦円満って感じですかね。粋な名前ですね。ここから京急羽田空港線に沿って本来の羽田の街並みを探訪する。

11時23分 京急 糀谷《こうじや》駅着。

西糀谷商店街の中に駅があり、小さ過ぎて最初は見逃してしまった。街は下町そのものである。昔懐かし、駄菓子屋があった。私、駄菓子で大きくなったようなもんだ。懐かし過ぎて、涙……。

神命大神宮、天照大御神。ちょっと怪しい感じ。その後、環八通りを通過。さすが、主要幹線道路。

京急大鳥居駅。立派な地下駅になっている。どこに大鳥居があるのだろうか？　街は近代化されておりビルが並ぶ。ＳＥＧＡの本社、お洒落なビルがある。ホテル東横イン羽田空港があるが、ちょっと（だいぶ）空港まで遠くない？

おっと、何やら立派な施設あり。その名はヤマト羽田クロノゲート。ここは、陸海空のスピード輸送ネットワークと高付加価値機能を一体化した、ヤマトグループ最大級の総合物流ターミナルである。

京急穴守稲荷駅着。またまた、庶民的な下町に逆戻り。私、こちらの方が落ち着く。ここは羽田４丁目。

穴守稲荷着。文化元（１８０４）年の新田開墾の折、海が荒れて沿岸の堤防が決壊し、村々は海水による甚大な被害を受けた。村民が堤防の上に祠を勧請し、稲荷大神を祀ると、海が静まって大きな実りをもたらした。これが穴守稲荷神社の起こりとされている。

とても静かなところで、ほとんど人がいない。近くに銭湯あり、粋ですね。

12時16分、ついに羽田空港近くの弁天橋に来た。

ここは一度、訪れてみたいところだった。橋と鳥居と海と空港、なんとも言えないコントラスト。太鼓の音？　何やら地元の人たちがイベントをやっている。お餅をついていて、観光客に振る舞っている。うまそう〜。

私、納豆餅をいただいた。ビールもいただいた。

海を見ながら乾杯〜。海のにおいがする。最高〜。あさり採り（？）の漁師がいる。遠くに漁船がいる。これが本来の羽田の姿なのかもしれない。近くの羽田空港から1〜2分ごとに旅客機が離着陸している。羽田空港の面積は大田区の3分の1もあるそうである。

整備場横を縦断する。地下天空橋駅を通過。ここにあったのか？

周りには何もない。降りる人はいるのかな。川でボートの行進に遭遇、かっこいい〜。

整備場駅を通り、モノレールが地下に入る地点。いつもモノレールの中から見ていた景色が逆となる。とても新鮮。やはり、物事は両面から見る必要がありますね。

空港に平行して歩いていく。呑川を渡る。完全に海の気配。漁船やクルージングボートが停泊している。ここは大森南4丁目。記念にコッペパン（マーガリン&つぶあん）を食べる。納豆餅だけでは足らぬ。中小企業の町工場が多くある。ものづくりの大田区。八百屋さんもある。ここは完全に下町である。大森1丁目。

13時47分 大森ふるさと浜辺公園着。

うわ～。砂浜だあ。ほんと久々。親子連れが砂で遊んでいる。水際では水遊びをしている。平和だなあ。向こうに京浜島が見えている。飛行機が着陸している。しばらく、ここで物思いにふける。

ふけ過ぎる前にJR大森駅に向けて出発する。平和の森公園&平和島公園内をゆっくり散歩しながら進む。水遊び、楽しそう。フィールドアスレチックも楽しそう。噴水での水浴び、気持ちよさそう。子どもは外で遊ぶのが一番。大人は？　大人だってそうでしょ。

平和島競艇通過。レース中、エンジン音が心地いい。結構スピードが速い。面白そう。大人も外で遊ぶのが一番。ただしギャンブルはほどほどに。

大森の街に入ってきた。

ここは静かなよいところである。おっ、大森ベルポート、I社さんの本社ビルだ。ここには、過去何十回と訪れている。I社には、自動車工業会で知り合った多くの友人がいる。ベルポートの中も立派。大企業本社ビルはこうあるべきだ。うまらやしい。

15時03分 ついにゴール。大森駅。

7時間20分、27キロ。

今日はあたたかい太陽の日差しを浴びて、よく歩いた。適度に日に焼けて、心地よい疲れもある。大田区徒歩の旅、非常にバラエティーに富んだ貴重な経験ができた。初めて訪れたところに感心し、何度も訪れたことのあるところは、別の一面を見ることにより感心した。２週間後に沖縄出張で羽田空港を訪れることになるが、そのときには、もう一度ゆっくり飛行機の中から大田区の景観を楽しみたいと思う。

19時30分 四方津のＪＡ直営イタリアンレストランで家内、次男とお食事。呑川の夫婦橋を思い出す。お酒を飲んで夫婦円満って感じですかね。家内は飲めないけど（ただし、次男のおごりだったため、人のふんどしで相撲と言えますね）。

大田区は23区内で一番広い区なだけあって、全てにおいてバラエティーに富んでいた。田園調布の高級感。多摩川のスポーツ感。羽田付近の下町風情。羽田空港の国際性。大森海岸の砂浜。平和の森公園の子どもたちのうれしそうな顔。全てにおいて大田区はスケールが大きく、感性豊かであった。

(4) 葛飾区　故郷葛飾を振り返る想い出の旅

◇葛飾区への想い

私、生まれも育ちも葛飾立石です。

生まれ育った家は木造の平屋で、プレス金型を製作する町工場《まちこうば》をしていました。生活は、決して裕福ではありませんでしたが、働き者の父と元気な母と、頭のいい兄と、5人の住み込みの職人さんたちと共に毎日明るく楽しく暮らしていました。

その頃の下町葛飾は、近所の人も家族と同じです。よく外でサンマやメザシを焼いていました。私が三輪車と一緒に家の前のどぶに落ちたときには、近所中の人たちが魔法瓶にお湯を持ち寄って、たらいで体を洗ってくれました。

とにかく、いいことがあっても悪いことがあっても、いつもお祭り騒ぎでした。母は14年前に亡くなってしまいましたが、父と兄夫婦は、今でも立石に住み、町工場をやっています。

今回は、故郷葛飾を振り返る思い出の旅です。

This time, it is a journey of memories to look back on the home Katsushika.

◇葛飾区紹介

東京都内の東部に位置し、都内で唯一埼玉県と千葉県の両方に隣接する。区内には、山田洋次監督の映画「男はつらいよ」シリーズで知られる柴又帝釈天や、秋本治の漫画『こちら葛飾区亀有公園前派出所』で有名になった亀有がある。

「葛飾」は、もともと下総国葛飾郡一帯の広大な地の総称だった。葛飾区のホームページによると、「かつしか」の「かつ」は丘陵や崖などを指し、「しか」は砂州などの低地の意味を持っているとのこと。「かつしか」は、利根川流域の右岸に低地、左岸に下総台地が広がる旧葛飾郡の地理的な景観から名付けられたと考えられるとのことである。

◇今回の葛飾区ルート

〈往路〉大月駅↓（中央本線）↓神田駅↓（山手線）↓日暮里駅↓（常磐快速線）↓北千住駅↓（常磐線）↓金町駅↓（バス）↓水元公園

以下は徒歩で。水元公園↓柴又帝釈天↓亀有↓葛飾区郷土と天文博物館↓お花茶屋↓堀切菖蒲園↓葛飾区役所↓立石伝統産業館↓立石実家　16キロ

〈復路〉立石↓（京成押上線）↓押上駅↓（都営浅草線）↓浅草橋駅↓（中央本線）↓大

月駅

２０１４年5月31日（土）４時55分 起床。

今日も暑くなりそうである。前々日、前日と飲み会が続き、体は奈良漬け状態。

このところ運動不足で太り気味。でも、心はさわやか状態である。

今日は東京23区徒歩の旅、９回目、葛飾区へ行く。

朝食は、おにぎり、わかめの味噌汁、ウインナーと目玉焼き、天ぷら、野菜ジュース、ヨーグルトで栄養補給。家内に大月駅まで青い折乃笠プリウスαで送ってもらう。いつもありがとさん。


5時37分 中央特快東京行きは軽やかに大月駅を出発。

乗り換えの神田駅を目指す。コーヒーを飲みながらパソコンデータ入力開始。

その後、神田駅、日暮里駅、北千住駅で乗り換え、金町駅に向かう。

7時55分 常磐線金町駅着。
葛飾区の北に位置する。ずいぶん近代化されたような気がする。すぐ水元公園方面行きバスに乗る。途中、東京理科大学が立派に建っていた。葛飾総合高校も新設されたようだ。

金町も文化・教養都市になったもんだ。

8時03分 水元公園バス停で下車。

さっそく内溜釣堀がある。土曜日の朝、さわやかモーニング。おじさんたちがのどかに釣り糸を垂らしている。どのおじさんも幸せそうな顔をしているなあ〜。私も同様に幸せそうな顔をしているに違いない。

ここに滝がある。さくらの大滝。涼し気でいいですねえ。白い鳥よ、おまえは何を考えているのか?

水元公園内に入る。40年前に来たような。水元公園よ、こんな素晴らしい公園になっていたのですね。

ここで紹介。

「水元公園は小合溜という準用河川を中心とした都内最大の水郷公園である。園内には多種多様な植物が育っていて、特にサクラの咲く季節やハナショウブの咲く季節は花見客などで賑わう。それ以外の季節でも、季節を問わず週末を中心に余暇を楽しむ訪問客で賑わう」

(出典 Wikipedia)

水元大橋を渡り、花菖蒲園に入る。公園内の色とりどりの花を見ながら、のんびり歩いている。おっ、蓮池だ。ここで一句。「蓮池や　かわず飛び込む　水の元」そういえば、さっきからモ～モ～ウシガエルが鳴いている。

8時50分 水元公園を抜け、埼玉県との県境にきた。隣は三郷公園になっている。東京外環自動車道の建設現場に来た。先がまだできていない。いよいよ江戸川に到着。大河が悠々と流れる。葛飾大橋、立派な名前。海まで18・75キロ地点。ここから、しばらく江戸川沿いを歩く。雲一つなく、雄大な景色である。ゴルフ場が続く。緑が綺麗。常磐線の鉄橋に着く。特急ひたちの新型車両が疾走していった。

ここで、いったん江戸川と別れを告げ、金町駅に向かう。まつの中で珍しいまちを見つけた。あっ、間違えた。まちの中で珍しいまつを見つけた。芸術的。

水戸街道に出た。ここは昔、父の田舎の水戸に行くとき、よく通った。懐かしい。水戸まで100キロ。

9時28分 京成金町駅着。

お店の中の駅って感じ。ずいぶん、あか抜けましたね。VENASIS KANAMACHIタワーレジデンス。商業エリア、住居エリアがある。五反田の超高層高級マンションもびっくり。ただし、道ゆく人は、下町風な庶民である。なんと、葛飾区立図書館まで入っていた。官民一体ビル、心意気が素晴らしい。ビルの前には、「母と子」の像がある。顔が怖え〜よ。

京成金町線沿いの柴又街道を歩く。ここは小学校の頃、よく自転車で来たもんだ。ちなみに京成金町線は単線のローカル線である。

良観寺、柴又七福神布袋尊。ちょっとメタボだが、いい顔してまんな。お行儀のいい赤い帽子のお地蔵さんたちがいた。


10時02分 柴又駅に到着。

懐かしい〜。涙が出そうである（実はもう出ちまった）。寅さん、寅さんがいる。粋なお姿。寅さん、一言お願いします。

「結構毛だらけ猫灰だらけ、お尻の周りはク○だらけってね、タコはイボイボ、ニワトリはハタチ、イモ虫は十九で嫁にいくときた。黒い黒いは何見てわかる、色が黒くてもらい手なけりゃ、山のカラスは後家ばかり。ねえ、色が黒くて喰いつきたいが、あたしゃ入れ歯で歯が立たないよときやがった」

帝釈天参道を行く。昔のまんま。「とらや」がある。映画「男はつらいよ」の第1作〜第4作の撮影に使われたそうである。私が小学校の頃、近くの江戸川の土手でトタン滑りをしていて、指を切ってしまい、このとらやさんで包帯をしてもらったっけ。その際はすつかりお世話になりました。

柴又帝釈天。

ここで紹介。

「柴又帝釈天は、東京都葛飾区柴又7丁目にある日蓮宗の寺院の通称である。正式名称は経栄山題経寺である。旧本山は大本山中山法華経寺。親師法縁。なお、『帝釈天』とは本来の意味では仏教の守護神である天部の一つを指すが、日本においてはこの柴又帝釈天を指す場合も多い」

（出典 Wikipedia）

ここで、いつも寅さんは御前さまに叱られていたのだ。子分の源公（佐藤蛾次郎）が、いつも庭をほうきで掃いていた。

江戸川矢切の渡しへ。サングラスの船頭さんがお客を待っていた。

ここで歌を♪

「つれて逃げてよ……」

「ついて　おいでよ……」

夕ぐれの雨が降る 矢切の渡し

親のこころに そむいてまでも

恋に生きたい 二人です

大ヒット曲「矢切の渡し」は、道ならぬ恋に生きる男女２人が江戸川を渡る様子が想像できる詩が印象的である。日本語って、本当に素晴らしいと思う。

寅さん記念館へ。

映画「男はつらいよ」全50作は、私は全部観た。どの作品も素晴らしいが、私が特に好きなのは以下の２つだ。浅丘ルリ子がリリー役（旅回りの歌手）の第11作『男はつらいよ 寅次郎忘れな草』（１９７３年）と、太地喜和子がぼたん役（芸者）の第17作『男はつらいよ　寅次郎夕焼け小焼け』（１９７６年）。

どの作品も日本人の心のあたたかさと切なさを詠った物語である。

次に山本亭へ。大正末期から昭和初期に作られたとされている。アメリカの日本庭園専門誌の２０１３年のランキングでは日本庭園で第５位に選ばれたそうだ。参道のお団子屋さんで休憩。草団子（１６０円／串）を食べる。柔らかいモチモチ感と適度な甘さがたいへんいい。さすが、柴又名物だけのことはある。無料の冷たいお茶を４杯いただいたので、そろそろおいとましようかな。

10時52分 亀有駅を目指して出発。

ここからは磁石を頼りに西へ向かう。柴又1丁目。モダンな三階建て住居がある。新宿《にいじゅく》3丁目を通過中。綺麗な街並みである。住み心地が良さそう。

おっとこれは何の踏み切りだ？　総武本線新小岩と常磐線金町を結ぶ貨物線である。途中に駅を造って電車を走らせてもいいのでは。名前は？　新金線？　銀行みたいかな？

中川橋を渡る。水が滔々《とうとう》と流れている。ここを下ると母校葛飾区立本田《ほんでん》中学校がある。遠くに東京スカイツリーが見える。

まあ立派なイトーヨーカドーだこと。少しラジエター（体）を冷やすために店内を通過することにする。涼しい〜。外もドデカいが、中もドデカい。葛飾も大きく変わった。最近の立石しか知らない私は井の中の蛙であった。

そこで一句「古我や 蛙飛び出る 井の中から」

亀有駅前商店街ユーロード通過中。ここは、超下町だっぺ。なぜかたいへん居心地がいい。

11時50分 亀有駅着。

結構賑やかだ。おっ、亀有駅南口派出所がある。その隣、こちら葛飾区亀有公園前派出所両津勘吉まつりおどり像あり。

ここで紹介。

『こちら葛飾区亀有公園前派出所』は、秋本治による日本の漫画作品。週刊少年ジャンプ（集英社）において1976年42号より2016年まで連載されていた（現在は不定期連載）。通称「こち亀《かめ》」。単行本（コミックス）は全200巻。


京成お花茶屋駅に向けて出発。

自動車道より歩道の方が広い。曳舟川親水公園。道の真ん中に公園が続く。風情のある公園である。バラ園もある。区の職員さんたちが世話をしていた。

12時20分 葛飾区郷土と天文の博物館。
ここには立派なプラネタリウムもある。日時計もある。葛飾区もやるなあ。見直した。

12時32分 京成お花茶屋駅着。

私は子どもの頃から聞き慣れているが、初めて聞く人は粋な面白い名前だと思うだろう。

そこで紹介。

「江戸時代、江戸幕府八代将軍の徳川吉宗が鷹狩りに興じていた際に、腹痛を起こした。そのとき、名をお花という茶屋の娘の看病により快気したとの言い伝えがある。この出来

事により、現在の地名を賜ったとされている」

（出典 Wikipedia）

なるほど、たいへんありがたい名前なのですね。駅は昔に比べて少しあか抜けたかな。下町情緒豊かだ。そろそろ腹が減った。駅近くのおそば屋さんに入る。中は雰囲気良好。卵丼セット（７５０円）にしよう。味はまあまあです。

腹もいっぱいになり、出発。堀切菖蒲園を目指す。昔のことをいろいろ思い出しながら、普通の道を歩く。街が堀切菖蒲園一色になってきた。

堀切菖蒲園着。区立で無料。立派。貴重な江戸系花菖蒲を中心に２００種６０００株の花菖蒲が植えられており、見頃は6月の中旬だそうだ。まだ、三分咲きだが、各種の花がほんと綺麗。昔の風情を想う。それぞれの花に名前が付けられている。江戸紫（桃屋の海苔の佃煮の名前？　まっいっか）、風情があるなあ。素晴らしい。ゆっくりしていこう。

13時35分 葛飾区役所に向けて出発。

平和橋通りに出る。ここを真っすぐ行くと実家に行くが、今日はもう少し寄り道していく。

京成お花茶屋駅に戻ってきた。おっ、魅力的なちょっと危なそうな飲み屋横丁がある。今日はパス。水戸街道横断。この辺は、白鳥《しらとり》1丁目。きれいな名前だ。近くで高専の同級生の実家が自動車修理工場をやっている。

葛飾赤十字産院。ここは立石5丁目。私生まれも育ちも葛飾立石です。葛飾赤十字産院で産湯に浸かり……そう、この病院で私は生まれたのです。生まれたばかりなので覚えていませんが、今の建物は、新しく建て替えられたものです。兄も兄の3人の娘（姪）たちもここの生まれです。懐かしい〜。


葛飾区役所着。

立派だけど、ちょっと建物が奥まった感じ。もうちょっと広々していてもいいような。区長さん、頼みますよ。喉渇いた。久々にコーラを飲む（本当はビールを飲みたいが……）。うまゆ〜。葛飾区の地図を見ながら、しばし感慨にふけっている。


ラストラン、京成立石駅に向かう。

おもちゃメーカー最大手、タカラトミーの本社を通過。超有名企業の本社が立石にある。これは誇りだ。

立石はおもちゃの町。私の父親もおもちゃの自動車のプレス金型を作っていた。

葛飾区伝統産業館、葛飾区伝統産業職人会、いいですねえ。伝統を未来へつなげ。中には、葛飾の職人さんが作った伝統品が飾られていた。

14時45分 京成立石駅着。
地名は立石8丁目にある立石さまという石に由来する。この立石さまは、かつて古墳があったことや、その材質（房州石という凝灰石の一種）から、古墳の石室などと同様、千葉県鋸山付近より同地に持ち込まれたと推定されている。なるほど。立石はなかなか歴史的に由緒ある地なのであった。
その後、一杯飲み屋群で有名な立石仲見世を通過。なかなか魅力的な雰囲気だ。

そして、今日のゴールである我が実家へ。実家の前は、桜並木になっており、春はベランダから花見ができる。つい最近、建て替えをしてきれいになった（その大工の棟梁は、私の中学校の同級生だ。大丈夫かな？　近くでは、別の同級生が歯医者をやっている。絶対行きたくない）。

葛飾区、思い出の旅。葛飾は、あたたかかった。葛飾には、昔のまんまの部分と大きく変わった部分があった。ここで今一度、いろいろなことを調べ、考え、理解が深まった。故郷・葛飾は素晴らしかった。葛飾区は、昔の伝統を守りつつ、これからますます発展していくに違いない。そう思いながら食す実家の家庭料理とお酒はたいへんうまかった。

０時04分 特急かいじで大月駅に到着。

青い折乃笠プリウスαのお迎えもまた、あたたかかった。

今回、葛飾を初めて通しで回った。私の抱いていたイメージとは、びっくりするくらい大きく変化をしていた。変わっていなかったのは、故郷の文化とそのあたたかさくらいであった。

なお、前著『全力で突っ走れ！　折乃笠部長ブログ』に収載した「甘く切ない夜汽車の物語」は、寅さんにインスパイアされて書いた小説である。ぜひご一読ください。

(5) 渋谷区　街の雰囲気の変化を五感と足で味わう旅

◇旅前の渋谷区の印象

私の渋谷区の印象は、まずは若者の街、そしてお洒落な街である。１０９、竹下通り、タケノコ族（古！）。渋いところでは明治神宮。表参道は日本的なお洒落な雰囲気。小学校のときに行ったＮＨＫ放送センターや渋谷駅前のプラネタリウム。

設計部に所属していた時代、部下が結婚式をした恵比寿ガーデンプレイスは、ゴージャス。パリダカチーフエンジニア時代、よくお邪魔した日本レーシングマネージメント㈱・菅原さんの事務所は恵比寿の広尾近くにあり、これまた庶民的お洒落な雰囲気。

今回、北の初台から南の広尾まで渋谷区をスルーで縦断するが、街の雰囲気の変化を五感と足で味わう、今までとはちょっと異なる徒歩の旅となる。楽しみ～。

◇渋谷区紹介

渋谷区は城西地区に位置し、千代田区、中央区、港区、新宿区と共に「都心５区」に数えられる。ターミナル駅である渋谷駅を中心とした渋谷地区は副都心の一つとなっている。青山（港区）に隣接する原宿・表参道はファッションの中心として知られているほか、代官山、恵比寿などの商業地区を擁する。明治神宮や代々木公園などがあり緑も多く、松濤や代々木上原といった都内有数の高級住宅地も点在している。一方、区内北部の甲州街道より北側は過密な住宅地で、ほかの地域とは趣を異にする。

１９３２（昭和７）年、それまでの東京府豊多摩郡の13町が東京市に編入されることになり、同郡の渋谷町、千駄ヶ谷町、代々幡町の3町をまとめて「渋谷区」となった。3町の合併後の区名が「渋谷」となったのは、当時3町の中で最も発展していたのが渋谷町だったためといわれる。

◇今回の渋谷区ルート

〈往路〉大月駅→(中央本線)→新宿駅→(京王線)→初台駅

以下は徒歩で。初台駅→オペラシティー→明治神宮→原宿駅→竹下通り→表参道→代々木体育館→NHK→渋谷区役所→渋谷駅ハチ公→代官山→恵比寿ガーデンプレイス→恵比寿駅→パリダカチーム菅原事務所→広尾駅

〈復路〉広尾駅→(地下鉄日比谷線)→恵比寿駅→(山手線)→新宿駅→(中央本線)→日野駅

2014年6月14日(土)5時20分 起床。

空は晴天。梅雨の合間の青空。清々しい。少し寒い感じ。このところ、体は疲れ気味、心も少し疲れ気味。早朝、我が家のベランダから見える山々の緑色に癒やされる。

よし、スカッといこう!

今日は、東京23区徒歩の旅の10回目、渋谷区に行く。

朝食は、厚切りパンのサンドウィッチ（シャキシャキレタス&ハム、卵）、わかめの味噌汁、グレープのヨーグルト、紫の野菜ジュース。今日も家内に大月駅まで青い折乃笠プリウスαで送ってもらう。夕方、日野の実家に行きましょう。日野駅で待ち合わせ。

６時00分 快速東京行き発車。

さわやかな青空と黄緑色の百蔵山と緑の桂川、素晴らしい。今度山歩きもしよう。乗換駅の新宿までパソコンデータ入力実施。京王新線に乗り換えて初台駅へ。

７時45分 初台地下駅着。

階段を上ると、そこはオペラシティ。ここで、度肝を抜かれる。アルミ製の巨人が空を見上げている。叩いてみるとアルミ板の中は空洞で、表面は縦フライス盤の切削マークがある。うまく造られている。オペラシティのメインビルは54階で、商業エリア、レストランエリア、劇場、ギャラリー、オフィスなどの総合ビルである。隣は最新鋭の新国立劇場である。素晴らしい建物と庭だ。

なんと、オペラシティは新宿区、新国立劇場は渋谷区なのである。はっきりと地図に線がひかれていた。おそらく、ここは両区の共同プロジェクトであったのだろう。渋谷区と新宿区、一見ライバルっぽいがこれからも両者仲良くして東京を引っ張っていってもらいたい。ここで、すっかり私の芸術の血が騒ぎだした。

8時03分 オペラシティ出発。

初台駅駐輪場。都会の真ん中に緑の駐輪場がある。お見事。ここは、代々木4丁目。明治神宮西詰所がある参宮橋に向かう。代々木というところは面白い。高級マンションが多いが、その名前が新宿○○○、代々木○○○、渋谷○○○、西参道○○○、新宿と渋谷のミックスといった感じがする。

参宮橋着。橋の下は何が流れているのかな？　のぞいてみるとなんと、小田急電車が流れてた。かつて、ここは川だったのだろうか。

うま、馬がいる。実は、私、日野の実家の義父さんから〝馬〟と言われている。その理由は、ニンジンが大好きで、生のニンジン1本、スティックにして食べてしまうためだ。だから、馬には、〝馬〟としてたいへん親しみがある。ここは、東京乗馬倶楽部。おっ、今度はポニーが走ってる。おいらも走ろうかな。

8時30分 明治神宮西詰所着。

ここから明治神宮に入る。鳥居で一礼をする。自然とそういう気持ちになる。

ここで、明治神宮を紹介。

「明治神宮は、明治天皇と昭憲皇太后を御祭神とする神宮である。面積約70万平方メートルの境内はそのほとんどが全国青年団の勤労奉仕により造苑整備されたもので、現在の深い杜の木々は全国よりの献木が植樹された。本殿を中心に神楽殿、宝物殿、武道場至誠館などがある御社殿は均整の取れた神々しい建物である」

（出典 Wikipedia）

偉大な指導者、明治天皇が祀られている日本を代表する神社。御社殿では、全ての人たちが、二礼二拍手一礼する。その姿に日本人の神を敬う気持ちと心の清さを感じる。赤毛の若いカップルが鳥居の手前で最敬礼している姿にとても感動した。このような若者がいる日本は大丈夫だ。

大鳥居を潜る。ここから南参道を原宿駅に向かう。はるか先に延びる南参道の道幅の広さに明治天皇の偉大さを感じる。

９時14分 明治神宮原宿口に出る。

すっかり心が洗われた。明治神宮は日本が世界に誇る文化の一つである。明治神宮橋を渡る。明治神宮橋には日野ポンチョ（小型ノンステップバス）がよく似合う。

原宿駅。現代風でありながらも、気品を感じた。大勢の人で賑わっている。竹下通り。若者のストリート。ブロマイド、アクセサリー、衣服、食べ物屋さん。全てが超若者好み？おじさんにはちょいと無理。まだ、朝早いのか、お店はほとんど開いていない。

表参道に出る。この時間でこの賑わい。明治神宮の参道として整備された大通りが表参道である。高級ブランドの旗艦店が集積している。道沿いにあるベンチに多くの人が座っている。何をしているのかな。

Omotesando Hills、参道の緑がキラキラ輝いていて本当に綺麗である。この先は港区になる。

原宿方面に戻る。途中、明治通りを渋谷方面に左折する。確か、このビルは、技術管理部時代の部下A子さんが結婚披露宴をした所のような……。This is Audi Forum Tokyo. ウエディング姿がとても綺麗だった。私、乾杯前の挨拶を仰せつかり、とても緊張した。今思えば、こんな立派な場所でたいへん光栄なことであった。その後のワインは最高で、飲み続けてしまった。

少し（だいぶ？）道を間違えて神宮6丁目通過。

10時25分 国立代々木競技場着。

素晴らしい姿の屋内競技場である。

ここで紹介。

「体育館の設計は、丹下健三の手によるもので、丹下の代表的作品でもある。第一体育館・

第二体育館とも、吊り橋と同様の吊り構造の技術を用いており、第一体育館は2本、第二体育館は1本の主柱から、屋根全体が吊り下げられている。観客を競技に集中させるために考案された、内部に柱を持たない珍しい構造の建物である。また吊り構造の天井を安定させ、台風等の災害時にも問題が生じないように、油圧ダンパー（制震ダンパー）で屋根の振動を抑える構造を採用しているが、油圧ダンパーを制震目的で採用した建物は日本初」

（出典 Wikipedia）

ここは、昭和39（１９６４）年の東京オリンピックのために建てられたという。第一体育館の横に流れる３次元的曲線の斬新さ、第二体育館の上に上がる曲線の美しさ。なんと終戦からわずか19年でこのような素晴らしい建築を生み出した日本人の努力と才能とチームワークを誇りに思う。しばらくの間、感動のあまり立ちつくしてしまった。

10時38分 代々木公園。ＮＨＫスタジオパーク。

スタジオパークは神南のＮＨＫ放送センター内に所在する観光施設。懐かしい、自分が子どもの頃と、自分の子どもが子どもだった頃の計2回来ている。だが、子ども番組のキャラクターも思い出せない。トホホ！　ＮＨＫの前に二・二六事件慰霊像があった。

渋谷区役所。立派過ぎる。今まで見てきた区役所の中で一番でかい。さすが、渋谷区。

まいりました。

渋谷地区の街並みに入ってきた。お洒落でセンスの良い人が多い。ちょっと変わった男か女かわからない男の人？　女の人？　性別がすぐわからない変わった格好の人も多くなってきた。渋谷地区はほんと坂が多い。立体的な街である。

１０９。サッカーの本田の姿が大きく描かれている。頑張れ！　ニッポン！


11時07分 渋谷駅着。

すごい人だらけ。さすが渋谷。活気がすごい。街に勢いがある。センスがある。東急電鉄の通称青ガエル電車が置いてある。中には渋谷の昔の写真が飾られていた。忠犬ハチ公の写真もあった。その忠犬ハチ公の銅像前に行く。仲代達也のもの、リチャード・ギアのもの、いずれも映画が終わった後、顔がぐちゃぐちゃで外に出られなかった。

休憩も終わり、代官山に向けて出発。道玄坂。何やらイベント実施中。サッカーのユニフォームを着た綺麗な（?）お嬢さんが並んでいた。道玄坂の坂は結構勾配がきつく、長い。


神泉町交差点。ここで、左折して旧山手通りに入る。ここは、とてもゴージャスな雰囲気の通りであった。マレーシア大使館。前にアートギャラリー。すいごう橋。「下は何川?」

とのぞき込むとなんと、普通の道であった。でも、周りの建物はとてもお洒落。バプテスト教会が清楚。お洒落なカフェテリア。おいら好みのラーメン屋さんはない。蔦屋書店も何やらお洒落。代官山は超ゴージャス。歩いている人は老若男女皆素敵。半分は外国人だ。旧朝倉家住宅着。ここで静かに休憩。都会の真ん中での静けさの贅沢。何かこう、心が落ち着く。何も考えないという時間も時には大切である。

駒沢通りを行く。すぐそばは目黒区。中目黒駅も近い。近くには娘が住んでいるが、今日は出勤だろう。私は恵比寿に向かう。

恵比寿南通りに出る。少し下町風でちょっとお洒落。このまま、ガーデンプレイスに向かう。恵比寿南橋を渡ると恵比寿ガーデンプレイスに着く。

12時40分 恵比寿ガーデンプレイス着。

恵比寿ガーデンプレイスは１９９４（平成６）年10月8日に開業し、オフィスビル、デパートを含む商業施設、レストラン、集合住宅、美術館などで構成されている。

ビアステーションでは、テラスで皆エビスビールを飲んでいる。馬くそ～、あっ間違えた、うまそ～。今は我慢、我慢。今日の夜はぜってィ、ビールを飲んでやる。

お洒落な建物。実は、設計部時代、部下のMさんがここで結婚披露宴を行い、私は乾杯の前の挨拶をさせていただいた。今思えば、こんなお洒落なところでたいへん光栄なことであった。その後のビールが最高で、飲み続けてしまった。大広場では、多くの人々がのんびりベンチに座っている。何を考えているのかな。完全なオフモードでんな。

恵比寿スカイウォークで駅へ。これは楽だ。

恵比寿駅。懐かしい。2年ぶり。駅前の上海食堂。ここはうまい。従業員全員が中国人。中国語が飛び交っている。あたかも中国に来たような雰囲気。海鮮ラーメンを頼む。来た〜。見た目もうまそう。うま〜い。味が絶妙。おっと小炒飯が付いていた。エビがいっぱい入っていてうまい。食べ終わったとき、マスターからインタビューを受けた。

マスター　麺は細麺がいいですか？　太麺がいいですか？
折乃笠　自分は、この太麺が好きですね。
マスター　細麺は好きですか？
折乃笠　好きですよ。
マスター　どうしようかな。
折乃笠　アイデアとして、選択方式にして両方を準備したらいかがですか？
マスター　それはいいですね。ありがとうございます。

写真を撮ったり、メモったりしていたので、その道のプロと思われたのかな。楽しかった。

13時25分 気分よく出発。

広尾を目指す。ここは恵比寿4丁目。ごく普通の街。

日本レーシングマネージメント㈱あり。パリダカチーム菅原さんの事務所&小工場である。過去に、何度も訪れている。今日は休み？　いや、どこかの工場で改造作業をしているに違いない。私がチーフエンジニアで担当した２０１０年、２０１１年、２０１２年のレースのゼッケンが飾ってあった。たいへん誇らしい。

天現寺橋。ここが港区との境目。港区は南麻布4丁目。天現寺はきれいで清々としている。ここから区境を広尾橋に向かう。

都営広尾5丁目アパート。何か牢屋みたいですごい。街はお洒落なテラスが続いている。どこか外国に来たみたい。

広尾橋。広尾ガーデンがある。どこかのんびりしている。

14時05分 地下鉄日比谷線の広尾駅着。渋谷区の旅のゴール。お疲れさま。6時間02分、

19キロ。

久々に日光を浴び、最高の旅となった。渋谷区は全てにおいてレベルが高く素晴らしい。私、恵比寿、新宿経由で日野へ帰る。夜は日野の実家で旅の話をしながらエビスのビールを飲んだ。涙ぐむほど超うまかった。これは自分へのご褒美ですね。

渋谷は一言で言うと、ゴージャス。品良く、ハイセンスで個性的。街の人々は皆センスがあって嫌みがない。明治神宮は日本の象徴。日本的な文化をそのままを維持している。渋谷区は東京を代表する区の一つと言えよう。

(6) 墨田区　新旧思い出を訪ねる楽しい旅

◇旅前の墨田区の印象

私、墨田区との付き合いは幼年時からたいへん濃い。母の叔母（豪傑）の家が向島にあり、そこは、「プレス金型を作る」折笠製作所の発祥の地でもある。荒川を隔てて葛飾区の隣であり、よく自転車で、八広、曳舟、向島、本所吾妻橋などに遊びに行った。ちょっと大きくなってからは、錦糸町、両国などに出没した。

近年、東京スカイツリーが完成し、旧業平橋・押上地区には昔の面影はなくなった。今日は、改めて墨田区を隅田川沿いに縦断するが、新旧の思い出を訪ねる楽しい旅になりそうだ。

◇墨田区紹介

東京都東部に位置し、隅田川と荒川・中川に挟まれている。

戦前は、隣の台東区域と並び人口が多い地域であった。戦後、町の復興及び発展とともに人口は再び増加したが、昭和38年頃を境に町工場の郊外・日本国外への移転などで人口は減少に転じた。しかし、近年、工場跡地にマンションが建つなどし、人口は増加傾向。

押上・業平橋地区には、２０１２年5月に東京スカイツリーが開業した。自立式鉄塔としては世界一となる高さ６３４メートルの地上デジタル放送用タワーである。

１９４７（昭和22）年に東京市本所区と向島区が合併し、現在の墨田区が誕生した。区名は、隅田川の堤の通称「墨堤」から墨を、隅田川から田を取ったものである。

◇今回の墨田区ルート

〈往路〉大月駅↓（中央本線）↓神田駅↓（地下鉄銀座線）↓浅草駅↓（東武スカイツリー線）↓鐘ヶ淵駅

以下は徒歩で。鐘ヶ淵駅↓水神大橋↓白髭橋↓向島百花園↓言問橋↓牛島神社↓東京スカイツリー↓墨田区役所↓駒形橋↓蔵前橋↓横綱公園↓旧安田庭園↓両国国技館↓両国駅

〈復路〉両国駅↓（総武本線）↓秋葉原駅↓（山手線）↓東京駅↓（中央本線）↓大月駅

２０１４年7月27日（日）４時55分 起床。

快晴。外は、まだ涼しくさわやか。昨日の昼間は36度以上で暑かった。今日も同じ気温が予想されるので、十分な水分補給が必要だ。

今日は、東京23区徒歩の旅の13回目、墨田区へ行く。

朝食は、クリームパン、目玉焼き2個&ウインナー3個、とうふの味噌汁、野菜ジュースとあっさり系。昨日は、家内とビッグボーイに行き、ステーキ３２０gとそのほかで十分な栄養補給を実施した。今日も大月駅まで青い折乃笠プリウスαで送ってもらう。パート頑張ってね。

5時37分 中央特快東京行き発車。

日曜日だというのに結構人が多い。皆どこへ行くのかな。なぜか、車内にトンボが飛んでいる。のどか〜。乗換駅の神田までパソコンに旅行プランを入力する。

神田から浅草まで地下鉄銀座線に乗る。日本最古の地下鉄、車両は更新されているが、駅はまだ昔の面影を残しており、とても情緒がある。

浅草から鐘ヶ淵までは、東武鉄道スカイツリーラインに乗る。浅草駅は松屋デパートの中にあり、これがまた旅の情緒をかもし出している。私、赤ん坊の頃より、ここから東武電車に乗っている。歩く前から既にすっかり旅気分である。


7時45分 今日の徒歩の旅の出発地点である鐘ヶ淵駅着。

下町情緒があってたいへんいい感じ。鉄道マニアにとっては、たいへん魅力的なレールの曲線とポイントがある。そこを「特急りょうもう号」が走っていった。ところで鐘ヶ淵という名をどこかで聞いたことがあるが……。

そこで紹介

「2007年6月30日に解散した企業であるカネボウ（事業としてはクラシエホールディングスが継承）の旧社名、鐘淵紡績および、もともとは同根の企業であったカネカの旧社名、鐘淵化学は、鐘ヶ淵が創業の地である」

（出典 Wikipedia）


なるほどね。由緒ある場所なんですね。

7時52分 出発。隅田川の水神大橋を目指す。

何やらすごいビル。ビルが道を跨いでいる。なんと跨いでいる部分が住宅の渡り廊下なのだ。都立白髭東アパート群。規模がでかい。水辺テラス入り口。久々に隅田川に来た。悠々と水が流れている。今回の旅は、隅田川に架かる橋の歴史探訪の旅でもある。

隅田川の水辺を歩いていく。対岸には我が母校の都立産業技術高専（旧都立航空高専）が見えている。姿が美しい。なかなか絵になるなあ。

家のない人たちが寝そべって隅田川の方を見つめている。まるで哲学者のような目をしている。

白髭橋。橋の形は、均整のとれた曲線がきれいである。ただ、力学的にちょっと……？の形。真ん中あたりの柱が引張方向だけで支えている。締結部を見に行ったところ、石で隠れていてよく見えないが、どうも柱と横ネタはリベットで締結されているようだ。リベットの剪断力《せんだんりょく》で持たせているのか、締結面力で持たせているのか？

ここで、いったん隅田川と別れて左折し、向島百花園に向かう。

白髭公園通過。墨堤通りを行く。突然、ＳＥＩＫＯミュージアムが現れた。ＳＥＩＫＯ

ミュージアムはセイコーブランドの情報発信基地として設立された、大人から子どもまで楽しめる散策スポットだそうだ。やはり歩いてみないとわからないもんだ。
白髭神社着。人が誰もいなくて静寂そのもの。951年に建てられたとある。ずいぶん古い神社なんだな。中学時代の暗記文を思い出した「帰化人来たよ、ごさんぱち（538年）」

8時42分 向島百花園着。
風情があってたいへんいい。9時前だというのに、ジイー・バー（失礼）で賑わっている。大輪朝顔展が実施されていた。朝顔の花はいろいろな顔を持ち、奥が深いことを知る。
春もややけしきととのう月と梅　芭蕉
夏もやっぱ あつきしししとう ツナと梅酒　馬笑
私、もう少し大きくなったら（歳とったら）またここに来てみよう。

9時05分 東武鉄道東向島駅着。
なんと、東武博物館あり。東武鉄道創立90周年記念事業として1989（平成元）年5月に東武鉄道伊勢崎線東向島駅高架下に開館した。1720系特急デラックスロマンスカーあり。懐かしい〜。昭和35年運行開始、日本鉄道車両の名車の一つだと思う。今でも美しい姿に惚れ惚れする。東武日光軌道線200形203号電車あり。これもなかなか美しい。

国道6号線、水戸街道に出る。地蔵坂通り入り口。この通りを進み、再び隅田川を目指す。ここは、東向島1丁目。再び隅田川に出る。桜橋の上にいる。姿形が良く、粋である。渡ってみるとドラマの主人公になったみたいな感じ。桜の木の緑のトンネルが続く。ここは、隅田川公園。

9時50分 言問橋着。

ここで紹介。

「関東大震災の震災復興事業として計画された橋。両国橋や大阪の天満橋と並んで三大ゲルバー橋と呼ばれた長大な橋である。川端康成は小説『浅草紅団』（先進社、1930年）の中で、その直線的で力強いデザインを曲線的で優美な清洲橋と対比させ、『ゆるやかな弧線に膨らんでいるが、隅田川の新しい六大橋のうちで、清洲橋が曲線の美しさとすれば、言問橋は直線の美しさなのだ。清洲は女だ、言問は男だ』と記している」

（出典 Wikipedia）

橋を男女にたとえられる、川端康成先生はさすが！ 私、川端康成先生は、日本の文豪の中で一番描写が鋭く、一番美しい日本語を使われると思っていたが、まさしくその通り。

私も、自分のブログでこのような表現ができるようになりたい。新しい目標ができた。

橋の端に小さなトンネルがある。ここは私にとって恐怖の場所である。小さい頃、いたずらをすると、よく母親から「実はおまえは、言問橋のトンネルで拾われた子だ。元の場所に戻すよ」と脅かされたものだ。

今考えるとこれ、虐待じゃない？　よくこんなに真っすぐに育ったもんだ（爆）。一応、戸籍は確認済み。

隅田公園内にある牛島神社。下町の中の静かな古い威厳ある神社である。なで牛には、一応頭が良くなるように、頭を3回いい子いい子いい子としてきた。鳥居の合間から、スカイツリーが早くおいでよ、と呼んでいる。

10時05分 向島1丁目20番地。

母親の叔母夫婦が大昔ここで、洋食屋「かもめ」をやっていて、自称向島小町の母親は、そのお店を手伝っていたらしい。近くの職工であった父親がよくここへ飲みに来ていて、二人は知り合ったらしい。その後、二人は結婚し、叔母夫婦がお店をやめた後、ここを借り受けて、小さな工場《こうば》をスタートさせたそうだ。ここは、折笠製作所発祥の地である。その後、葛飾立石に引っ越したらしい。なんだか目頭と胸が熱くなる。

今は、その面影はない。たぶん、私が言問橋のトンネルで拾われたのは、この頃だと思う（爆）。

いよいよ、東京スカイツリーを大きく見上げるところまできた。

10時16分 東京スカイツリー着。

見上げると首を攣《つ》ってしまいそうになる。スカイツリーの真下に来た。

高所恐怖症の私は、思わず下半身がムズムズしてくる。お金を払ってまでここに上る気にはなれない。ソラマチの中は、人・人・人で混んでいる。いろいろなお店があるなあ。

冷房で十分体を冷やしながら、ウィンドーショッピング。

隅田川吾妻橋を目指して出発。途中、業平橋《なりひらばし》を通る。この橋は歴史のある橋である。ちなみに、現東京スカイツリー駅は、その前は業平橋駅と名乗っていた。橋の下は、大横川親水公園で、船の形の建物がある。おもしれ〜。

現森橋通過。北十間川沿いの裏道を隅田川に向かう。墨田区役所及びアサヒビール本社が見えてきた。まもなく隅田川を渡って、浅草駅に到着する特急スペーシアが超スローで走っている。

10時52分 墨田区役所着。

まあ立派な建物。お金があるんすなあ。たいしたもんだ、墨田区。その隣がアサヒビール本社ビル。ここの頂上には、レストランがあり、長女の成人式祝いの会食をここでやった。さらにその隣が大きなオブジェ、きんとん。

そこで紹介。

「スーパードライホール屋上のオブジェは、１９８９年にアサヒビール創業１００周年を記念してスーパードライホールとともに建設されました。オブジェのデザインは、フランスのデザイナーのフィリップ・スタルク氏によるものです。スタルク氏はスーパードライホールの設計も担当しました。オブジェは燃え盛る炎をデザインしたもので、『フラムドール』（フランス語で金の炎）と呼ばれております。アサヒビールの燃える心を象徴しています。オブジェが炎、そして下のスーパードライホールが聖火台をイメージして設計されているんです」

（出典　マイナビニュース２０１３年３月26日「東京・浅草にある金色のオブジェってなんであの形？—アサヒビール広報さんに聞いてみた」）

なるほど、やっぱり調べてみるもんですね。私は、ずっとあれは大きな黄色いう◯こだと思っていました。

赤い粋な姿の吾妻橋。橋の下を大きな水上バスが行く。隅田川固有の有名な景色だ。ここから、また隅田川沿いを歩く。

青い駒形橋。向こう岸には、有名な駒形どぜう屋がある。青い橋の下を小さな水上バスが行く。何やらジャングルみたいな道になってきた。やたら粋な屋形船が多くなってきた。その後ろに、厩橋《うまやばし》が見える。粋な名前でんな。黄色のマリーゴールドの花が綺麗。その後ろに黄色の蔵前橋が見えてきた。黄色がとてもお似合いである。

ここで、隅田川とお別れし、陸に上がる。

11時20分 横網町公園着。

墨田区横網にある都立公園である。東京都慰霊堂や復興記念館がある。復興記念館の中に入る。ここは、関東大震災の惨禍を永く後世に伝え、また官民協力して焦土と化した東京を復興させた当時の大事業を永久に記念するため、東京都慰霊堂の付帯施設として昭和6年に建てられた。悲惨な光景に合掌するしかなかった。

東京都慰霊堂。亡くなった多くの方に黙禱。旧安田庭園。煉瓦色の墨田区公会堂がとても綺麗であり精悍でもある。静寂。しばらくここで、心を清め整える。

11時52分 両国国技館着。

現在、名古屋場所開催中で本日が千秋楽だが、こちらは至って静か。サッカーと同じに、大型スクリーンで実況中継しているかと思ったが、まったくその様子はない。ほとんど人がいない。私は、相撲ファンである。昨日の土曜日は相撲中継でテレビにくぎ付けだった。大砂嵐、遠藤が、7勝7敗となった。大関琴奨菊が、高安に勝ち、12勝2敗となった。横綱白鵬も鶴竜に勝ち、12勝2敗となった。どの取組も緊張感のある力強い一番であった。特に大関琴奨菊の勝負前の冷静さ、気迫と真摯な態度、立ち合いの鋭さと相撲のうまさ、勝負が終わった後の安堵の顔、私は感動し、ファンになった。
両国国技館のお土産屋さんで琴奨菊の手形の色紙を買った。千秋楽の今日の夕方、大関琴奨菊は関脇豪栄道に負けて、優勝を逃してしまった。優勝は横綱白鵬。琴奨菊は始終無言で目には涙が光っていたという。

12時00分 両国駅着、本日のゴール。
4時間、13キロのショートの旅であったが、内容は濃かった。

今日は、日曜日で完全なOff Time.
日頃、頑張っている自分にご褒美しちゃおうかな。ちゃんこ鍋をプレゼント～！　うれピ～！
両国駅からすぐの大型チェーン店で鳥ちゃんこ&雑炊セットでいこう！

ここから実況中継。

東～、折の山～、折の山～！

西～、鳥ちゃんこ～、鳥ちゃんこ～！

まずは、折の山、勝負前に生ビールを飲んだ。おっと、あまりのうまさに涙ぐんでいる。

早い、早い、一気に飲み干した。

あっ、そのとき、鳥ちゃんこ入場。

おっと、あまりの鳥ちゃんこの量の多さに折の山たじろいだ。

すごい、鶏肉の大きさと量、各種野菜の多彩さ、仕上げは油揚げだ。

しきりが始まった。行司（お店の親切なかわいい店員さん）の指示に従い、味噌スープに肉から入れる、次にニンジンや大根のような硬い野菜、次に中くらい硬いネギやごぼうのスライス、最後にえのきや油揚げ。そして、一気に強火にする。

ここで、次の相手、雑炊セット入場。あまりのご飯の多さに折の山完全に弱気になっている。ここで、景気付けにメガハイボール（７００ml）に応援要請。

さあ、いよいよちゃんこも煮詰まり、勝負直前。

行事が軍配を返した。

両者、鋭い立ち合い。

はっけよい、残った！　残った！　残った！

折の山、まずはメインの鶏肉から攻めた。
次に野菜、一気に攻め込んでいる。
どんぶり2杯、3杯、よい調子だ。
メガハイボールの勢に助けられている。
……
おっと、ここで急激に腹がいっぱいになってきた。
味噌スープを飲み過ぎたか？
雑炊セットを見てしまったからか？
メガハイボールの炭酸が腹にきいてきたか？
折の山、残った！　残った！　残った！
折の山、復活、一気に攻勢に出る。粘る、粘る、粘る。
そして、一気にちゃんこをすくい投げ。勝った！　勝った！　折の山勝った！
お見事！
出汁のきいた味噌スープを雑炊用に適度に残し、まずは一勝。
だが、折の山には、次の勝負、強敵雑炊セットが待っていた。
行事が次の勝負をせかしている。
折の山、しぶしぶご飯を味噌スープに入れだした。

それにしても、多い。
そして、一気に強火にした。ぐつぐつぐつ。
すると、ご飯が膨張しだした。ますます大きくなっている。
まずい。折の山完全に圧倒されている。
仕上げは卵。よく溶いてから丁寧に均等に入れた。
鳥ちゃんこは見事に、卵雑炊に変身した。
卵のおかげでますます雑炊セットは肥大化した。
どう見ても二人分以上はある。
折の山、絶句状態、不戦敗か？
前の鳥ちゃんことの勝負で体力が完全に消耗している（腹がいっぱい）。
何とか、メガハイボールの力を借りてしきりに入った。
はっけよい、残った！　残った！　残った！
鍋から取り分けても、取り分けても、次々と雑炊が湧いてくる感じ。
雑炊セット半分経過時、折の山に異変、気持ち悪くなったのか？
折の山頑張れ！　折の山頑張れ！
折の山の脳裏に「有言実行」の文字が浮かびだした。
残った！　残った！　残った！

折の山、復活。一気に雑炊セットにがぶり寄り。
すごい折の山、雑炊セットが見る間になくなっていく。
そして、最後は寄り切り。勝った！　勝った！　折の山が勝った！
見事、折の山、雑炊セットに勝ちました。
それにしても、勝負後の折の山、苦しそうです。
若干、涙目になっています。
完全にまわし（ズボンのボタン）を緩めています。
それでは折の山さんにインタビューしてみましょう。

アナウンサー　折の山さん、おめでとうございます。
折の山　ハア～　ハア～　ありがとうございます。
アナウンサー　苦しそうですね。
折の山　近代まれにみる苦しい戦いでした。
アナウンサー　何が苦しかったですか？
折の山　はい、鳥ちゃんことの勝負では、主役の鶏肉の多さとダメ押しの油揚げです。
また、そのとき、目に入った次の相手、雑炊セットのご飯の量に圧倒されました。
アナウンサー　よく勝てましたね。

折の山　はい、メガハイボールに助けられました。
アナウンサー　雑炊セットとの勝負はいかがでしたか？
折の山　相手の大きさに完全に圧倒されました。鍋から取っても取っても、雑炊が湧いてくるのにはまいりました。
アナウンサー　最終的に、勝てたのはどうしてでしょう？
折の山　最後は「有言実行」の一言です。この言葉に助けられました。
アナウンサー　そうですか。それでは最後に一言お願いします。
折の山　ほかの力士の皆さんへ。雑炊セットは、ちゃんこを食べ終わって、そのときの腹の様子で頼む方がいいですね。
アナウンサー　どうもありがとうございました。
折の山　げふっ。ありがとう、げふっ、ございました。

その夜、折の山は、夕飯をほとんど食べられず、次の日の昼食も小食だったそうです。鳥ちゃんこ&雑炊セットは、相当な強敵だったようです。
以上、墨田区の旅は今までとは、ちょいと味の違う楽しい旅でした。ごっつあんで～す～！

墨田区は、面白かった。
向島百花園と旧安田庭園で自然を楽しみ、隅田川の橋の歴史を知った。
関東大震災と東京大空襲の悲惨さを改めて感じた。
改めて、文化と伝統を知った。
ちゃんこ鍋との戦いは一生忘れないものになるだろう。

(7) 練馬区　歩き廻って十分練馬を知る旅

◇旅前の練馬区の印象

練馬区というと、なんと言っても練馬大根。そして、石神井公園と石神井川。他は？
ん〜。面積が広い……。やはり西部地区は得意でない。
今日は一日、練馬を歩き回って、練馬を十分探索しよう。

◇練馬区紹介

東京23区の北西に位置し、区内全域が武蔵野台地に属する。緑の多い閑静な住宅街であり、近年は副都心線や大江戸線などの開通に伴って、マンション建設ラッシュに沸いている。

東京23区の中では最も新しく誕生した区で、板橋区の一部だった区域が1947年8月1日に分離して発足した。当時、広大な板橋区の区役所までの経路が遠く、著しく不便であったことが分離の要因とされているという。

練馬区のホームページによると、地名の由来としては、

①関東ローム層の赤土をねったところを「ねり場」といった

②石神井川流域の低地の奥まったところに「沼」＝「根沼」が多かった

③中世、豊島氏の家臣に馬術の名人がいた（馬を馴らすことを「ねる」と言った。すなわち「練り馬」）

④奈良時代、武蔵国に「のりぬま」という宿駅があった

などの諸説があり、定説はないそうである。

◇今回の練馬区ルート

〈往路〉大月駅→（中央本線）→吉祥寺駅

以下は徒歩で。吉祥寺駅↓立野公園↓武蔵関公園↓石神井公園↓石神井川沿い↓光が丘団地↓光が丘公園↓豊島園↓練馬区役所↓練馬駅↓桜台駅↓武蔵野稲荷神社↓江古田駅

〈復路〉江古田駅↓（西武池袋線）↓池袋駅↓（山手線）↓新宿駅↓（中央本線）↓大月駅

２０１４年10月25日（土）５時15分 起床。

外は快晴、ひんやりとしていて清々しい朝。猫のあぐりが起こしに来てくれた。明日遊んでやっかんな。

今日は、10月最後の土曜日、東京23区徒歩の旅の20回目、練馬区に行く。

朝食は、ご飯、目玉焼きとウインナー、たらこスパゲッティー、トマトジュースと比較的質素。昨日残業で帰りが遅く、夕飯（鍋物とビール&焼酎）を12時頃食べたので腹いっぱい。いつものように家内に大月駅まで青い折乃笠プリウスαで送ってもらう。

今日は夜、娘と石和温泉スパに行きましょ。海鮮丼御前をご馳走します。

６時00分 快速東京行き発車。

大月の山々の緑やキラキラ輝く川の中をオレンジ色の電車は快走していく。吉祥寺駅まては、電車の中がマイオフィース。気合を入れて今日も頑張ろう。

7時20分 吉祥寺駅到着。
ここは武蔵野市、正式には今日の出発点ではない。練馬区立野を目指して都道115号線を北に向かう。雲一つない青空、凛とした空気の中、心地良く歩く。

7時45分 練馬区のスタート地点着。

ここは練馬区立野町10番地。ここで大きく左に旋回し、静かな郊外の街並みを行く。向かって左が武蔵野市、右が練馬区、境界の道を行く。

練馬区立立野公園。武蔵野をそのまま表した趣の公園。人と犬の調和がほのぼのとあたたかい。のどかで幸せって、このような光景を言うのかな。

大きな柿の木があった。「となりのガキは よく柿食う ガキだ」でしたっけ。柿色って秋そのものですね。絵の具でこの色を出すのは難しそうだな。

千川上水。田舎の放水路って感じ。のどかだなあ。しばらく、川沿いを歩く。キャベツ畑。キャベツの緑色が瑞々しくてお見事。シャキシャキしていてうまそうだなあ。

青梅街道に入る。西東京市の標識あり。よい市名ですね。ただし、東京都にはまだまだ西に、市はいっぱいあるんすが。まっ、いっか。

8時25分 練馬区立武蔵関公園着。

（お相撲さんの元武蔵丸関が経営しているわけではありません）

ここも武蔵野を感じる。これも東京の大きな魅力の一つ。湖畔を歩く。トイレもたいへんきれい。トイレットペーパー完備でたいへん助かります。お世話になりました。

ヨーロッパ調のボート乗り場もお洒落です。23区徒歩の旅は、このところ都会を歩くことが多かったので、今回自然の中を歩くのは、とても新鮮で心身のリフレッシュになる。すっかり、和ましていただきました。

次は石神井公園を目指す。

西武新宿線沿いを行く。緑の巨木と黄色の西武電車とのマッチングがいい。

自慢のショットで自己満足。踏み切りとその後ろのお寺のマッチングもなかなか。これまた自慢のショット。

武蔵関駅を通り、黙々と住宅街を歩いている。ここは石神井台7丁目。石神井川の流れる街。

石神井公園隣、氷川神社着。とても静かな神社。改めて日本人ならではの神道の深さを感じる。

豊島山道場寺、誰もいない静かな寺院。清らかな気持ちになる。

三宝寺。平和観音健やかに。さて、参道の裏道を行く。山道に入る。

ここが石神井公園。ここは東京?

ここで紹介。

「園内には、石神井池、三宝寺池がある。井の頭池、善福寺池と並び、武蔵野三大湧水池として知られている。三宝寺池は古来、武蔵野台地からの地下水が湧き出る池として存在していた。それを1959年に市民が散策できる公園として整備し、自然や野鳥と共存できるように造られた。園内には、沼沢植物群や雑木林が見られ、23区内とは思えないほど緑豊かな武蔵野の面影を残している」


(出典 Wikipedia)


国指定天然記念物の三宝池沼沢植物群花の水辺観察園を縦断する。カモ、どアップにするとかわいい顔。石神井公園は都民の憩いの場ですね。

三宝池から石神井池に移動。釣り禁止の標識の前で釣りをしている。

折乃笠A　決まりは守るべき。

折乃笠B　憩いの場、少しくらいいいじゃないの。

公園内、ジョギングを楽しむ人が多い。素晴らしい環境の中、気持ちいいだろうな。

湖畔にはゴージャスな家、これ個人の家です。

石神井公園は自然豊かなオアシスだった。晴れ晴れ気分で出発。

光が丘公園を目指す。しばらく石神井川沿いを歩く。清々としていて素晴らしい。西武池袋線の練馬高野台駅通過。「のどか」が続いている。石神井川、春は桜の花でさぞ綺麗なことでしょうね。今日は観光というよりも景色を観ながらウォーキングを楽しむ旅。結構速いペース４・７キロ／１時間、心地いい汗と筋肉の緊張がある。精神はきわめてニュートラル、何も考えていない。

目白通り交差点。ここで大玉４つ、東京ガスのガスタンク。ガス漏れは大丈夫？　思わず溶接部に目がいく。

11時19分 光が丘団地入り口着。

しかし規模がどでかい。２０１７年末で、地域の人口は2万７８９６人。

まずは春の園公園、良い名前ですねえ。そのほか、夏の雲公園、四季の香公園、秋の陽公園、こひつじ公園、あかね雲公園……名前を聞いただけで、夢と希望とあたたかさを感じる。名付けた方の豊かな感性とセンスがうかがえる。公園の中に団地があるのか、団地の中に公園があるのか。

いずれにしても、環境が超良い。すごい数の団地があるが、見事に調和している。団地を縦断し、都立光が丘公園に入る。イチョウ並木がお見事。絵になる構図。すすきが秋をかもし出す。バードサンクチュアリ、鳥の観察場。バードウォッチングの楽しさがわかった。若い大道芸人が一生懸命演技をしている。一生懸命やっているのを観るのは楽しい。テニスコートが8面。おじさん、おばさんが楽しそうにテニスをやっている。実にうまい、お見事。さわやかな汗がまぶしいですよ。私も昔少しやっていたが、ここまでうまくない。少年野球。これまた、いいですね。しばらく見入ってしまった。

環境と生活と憩いのバランスが素晴らしい。光が丘、あっぱれ！

次は豊島園を目指す。午後の日差しが心地よい。

環八通り、春日町交差点通過。環八はどこへ行っても立派。淡々と歩いている。練馬区は広い。

13時18分「としまえん」に到着。

練馬区にありながら豊島園とはこれいかに。正面入り口、立派なれどお客はほとんどいない、閑古鳥がいる。大人4200円、子ども3200円、高くないかい。

乗り物はどんなのがあるのかな。確か、会社の何十周年記念で、来たような……。

隣は、豊島園 庭の湯。お風呂好きの私にとっては、こちらの方が魅力的です。入りてぇ～。でも、我慢我慢、夜に石和温泉に行くんでしょ。

西武豊島園線の豊島園駅。超ローカル線？　練馬駅まで一駅の支線。と言いながらも、全て池袋行きであった。失礼。


次は、西武池袋線練馬駅へ向かう。

練馬区役所&区議会着。近代的で大きくて立派。今までの区役所の中で一番お見事。練馬区、儲かっているのかな。練馬区駅近くの怪しい酒場を通過。午後のひととき、既に酔っぱらっている人たち（男女）がいる。いいですね。これもまた人生。

練馬駅。西武池袋線主要駅。ここで西武有楽町線が合流し、豊島園線が分岐する。東京メトロ大江戸線との乗換駅でもある。

いよいよゴールの江古田駅へ、静かな千川通りを行く。

桜台駅。腹が減り過ぎた。１時間前から日本蕎麦屋を探している。あった。店構えはうまそう。親子丼セット（親子丼とかけそば）９５０円。

うまかった。特に親子丼の海苔がうまかった。

武蔵野稲荷神社。色彩綺麗な神社。最後の錦という感じだ。

14時38分 西武池袋線江古田駅。ゴール。

駅の下が交番になっていて、しかめっ面のおまわりさんが出迎えてくれた。これもまた、練馬区の真面目なところだ。

7時間18分 総移動距離26キロ

今までの中では、長距離歩行であった。

練馬区の最西端の武蔵関公園から最北端の光が丘公園に行き、さらに最東端の江古田駅まで歩いた。練馬区は広かった。景色を観ながら、雰囲気を楽しみつつの、楽しいウォーキングであった。そして、東京の武蔵野の自然という素晴らしい一面を改めて知ることができた旅であった。

夜、石和温泉のスパでは、岩盤浴にて心地よい疲れを十分癒やし、仕上げはメガハイボール。ご機嫌モードで今日も幸せ。

練馬区は今まで回った区とはまったく違うタイプの地域であった。東京の雰囲気は持っているが、完全に郊外住居区という感じ。

公園が多く、緑を大切にしている。武蔵野そのものだ。一方、光が丘団地のような巨大住居区と公園がある。

いずれにしても魅力のある区であった。

(8) まとめ

２０１４年12月６日、１年をかけた東京23区探索徒歩の旅は全て完了した。徒歩延べ日数23日、総距離数４６９キロ、総時間１４２時間10分。２０１４年１月１日に立てた目的、目標はほぼ達成した。

◇目標に対する結果

・23回／年という回数、夏の暑さと冬の寒さ、心の疲れと体の疲れにより、途中、何度かくじけそうになった。
・周りの人たちにやるぞと言ってしまい、自分を逃げられない状況にしたため、最後までやり遂げるしかなかった。
・難しいことはあまり考えず、根本的に歩くことを好きになってしまえばよい。
・できないと思った瞬間、チャレンジは終わってしまう。まずは一歩を踏み出してみることである。

・何ごとも目的・目標をしっかり持つ必要がある。目的がないと途中で先が見えなくなる。
・準備と計画と反省、ＰＤＣＡをしっかり回すと持続する。ＰＤＣＡとは、Plan（計画）
→Do（実行）→Check（評価）→Act（改善）の４段階のことである。
・チャレンジは周りの理解と協力がないとできない（家族、ブログの読者さんなど）。
・ステップごとに自分にご褒美を与える。（ビール、缶チューハイ、ちゃんこ鍋など）
・心に余裕を持つ。
・行き帰りの交通機関も楽しめた。大月発、朝の中央快速には毎回お世話になった。そのつど、外の景色は異なって見えた。春夏秋冬の違いもあるが、こちらの心模様が大きく影響することがわかった。
・それぞれのご当地グルメを楽しむ目的も果たせた。東京には、おいしいものが無限大にある。
・多くの見聞と出会いと経験により、多くの深い感動を得ることができた。日本人に生まれて、ほんと良かった。と、しみじみ思った。
・東京タワー、オリンピック競技場、新幹線などは全て戦後20年以内に造られている。そして、全てが世界一級品である。日本人の勤勉さ、努力、チークワークの素晴らしさを再認識した。
・23区を同基準で評価し、それぞれの特徴の理解を深めるようにしたら、区は全て特徴が異なることがわかった（次項以降参照）。この特徴を理解することにより、自分の感受性が高まった。

・約２６０キロ（平均20キロ／回）徒歩に挑戦すると計画したが、結果的には、総距離数４６９キロの一大徒歩の旅となり、私の挑戦は完了した。しかし、私の徒歩の挑戦は、まだ終わらない。さらに続く。

◇23区の評価ランク

総得点が同点の場合は私の好きな方を上位とした。

23位　足立区
合計23点

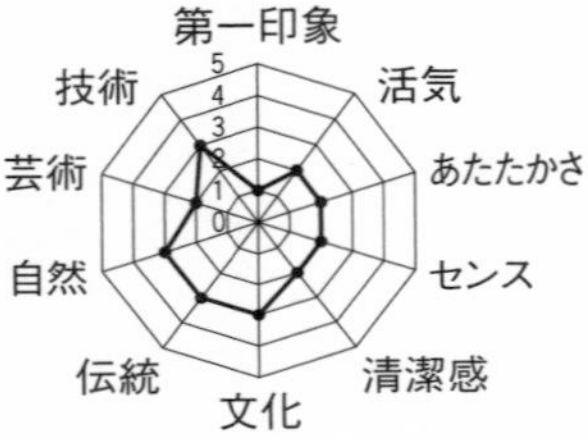

22位　新宿区
合計23点

21位　江戸川区
合計31点

20位　杉並区
合計31点

19位　世田谷区
合計33点

18位　荒川区
合計35点

17位　中野区
合計35点

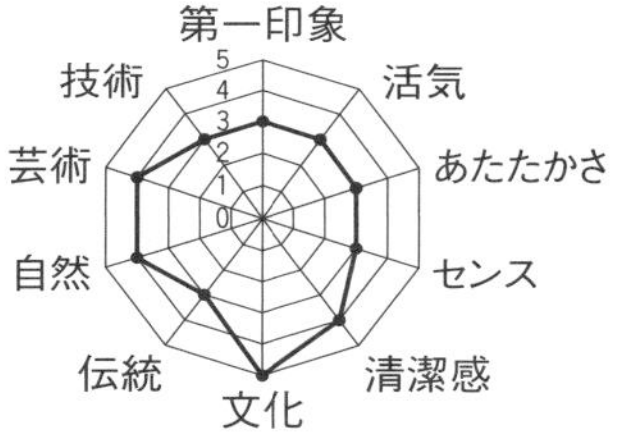

16位　練馬区
合計36点

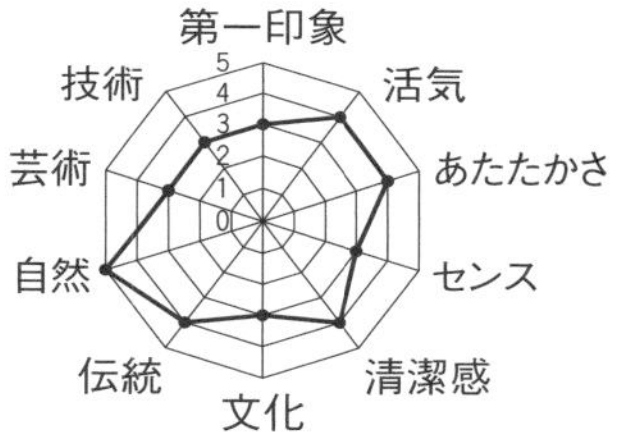

15位　太田区
合計36点

14位　北区
合計37点

13位　品川区
合計37点

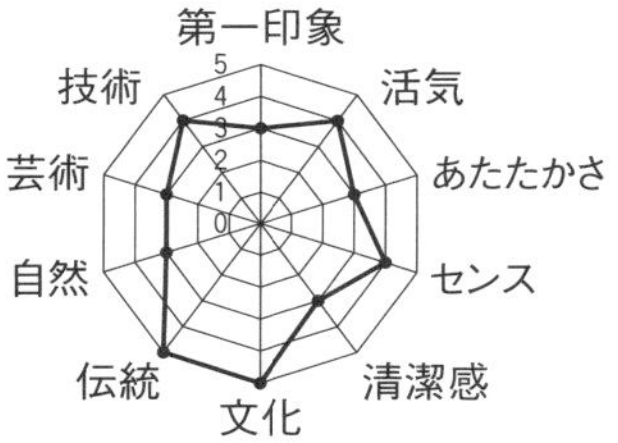

12位　板橋区
合計38点

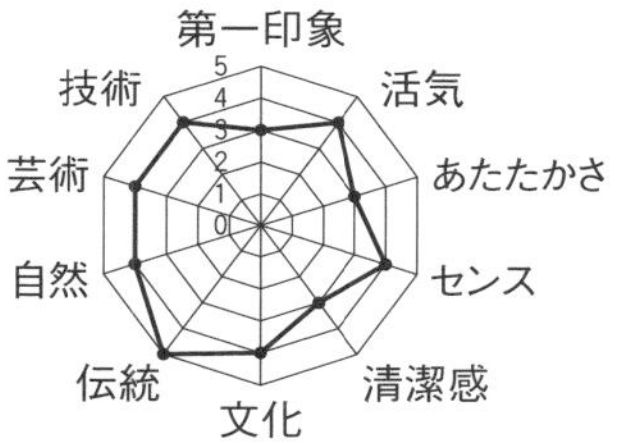

11位　墨田区
合計38点

10位　葛飾区
合計39点

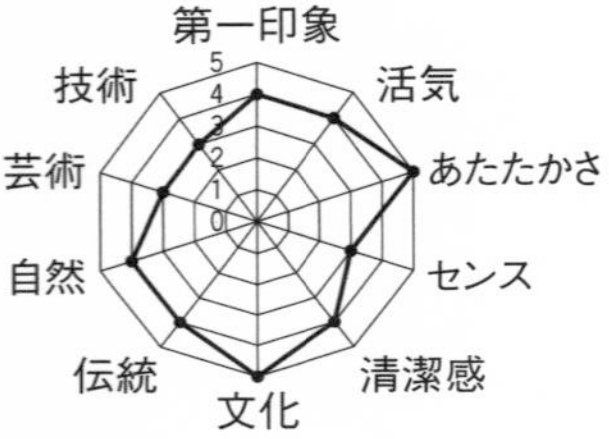

9位　江東区
合計43点

8位　渋谷区
合計43点

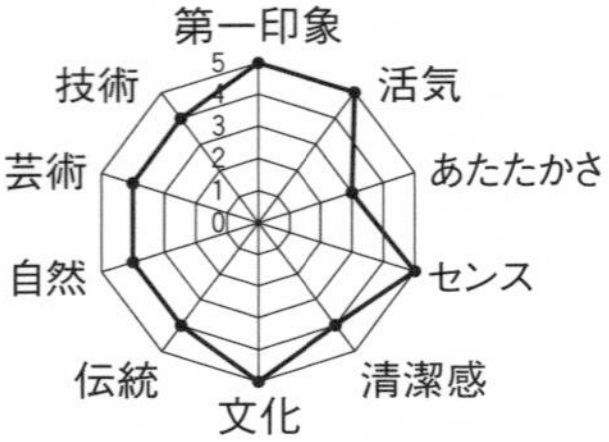

7位　文京区
合計43点

6位　台東区
合計44点

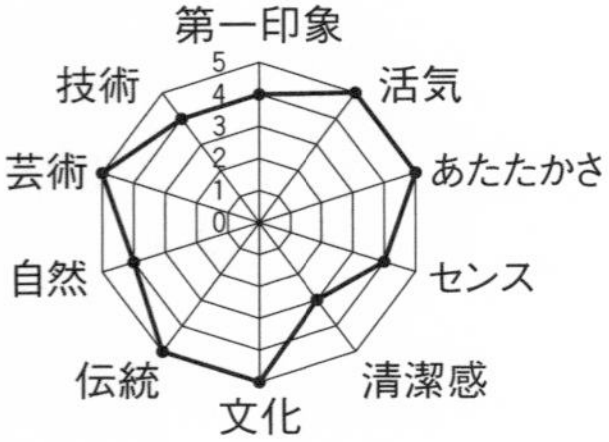

5位　目黒区
合計45点

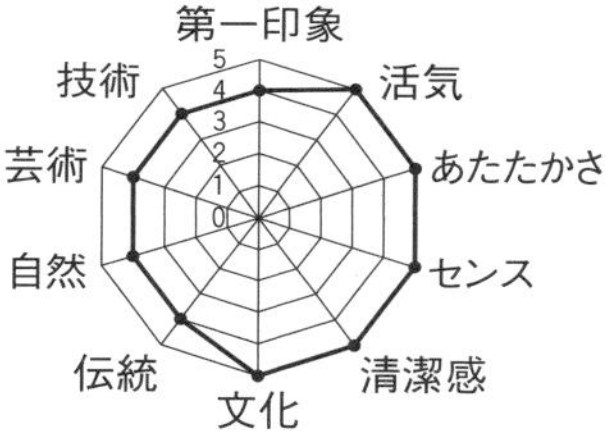

4位　豊島区
合計47点

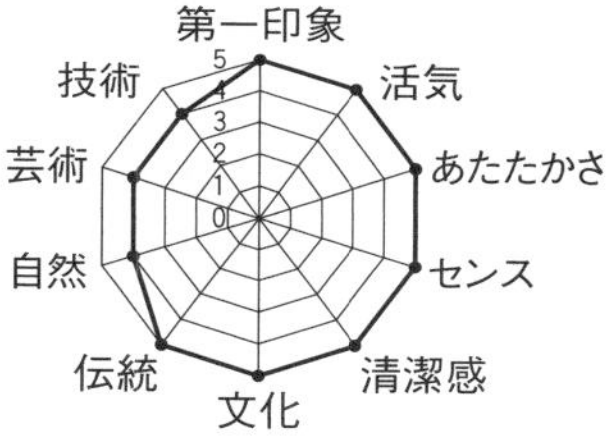

3位　中央区
合計48点

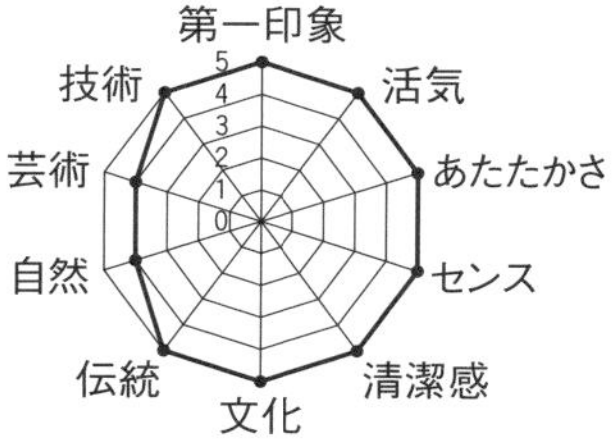

2位　港区
合計49点

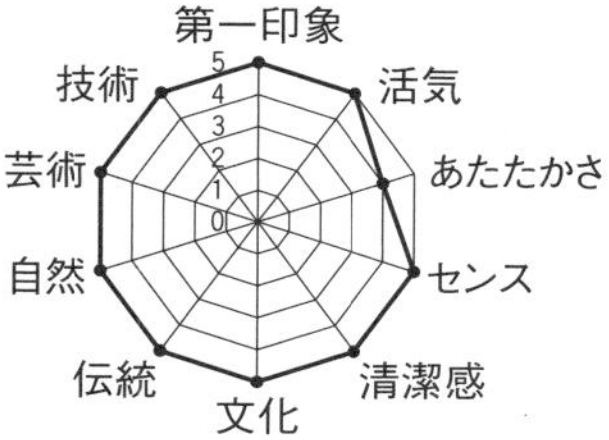

1位　千代田区
合計50点

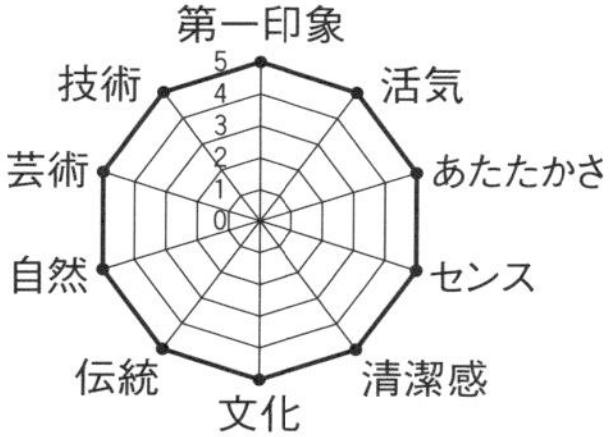

◇心に残ったベスト10

１位　中野区　哲学堂公園
雰囲気に呑まれて、全身鳥肌が立つ

２位　葛飾区　寅さん
懐かしさに涙が出た

３位　渋谷区　国立代々木競技場
昭和39年建設　曲線の美しさに感動

４位　北区　隅田川スタート地点
重厚で神々しい雰囲気

５位　港区　東京タワー
昭和33年　ほとんど手造り

6位　千代田区　靖国神社
親子の碑　家族構成が私と同じ

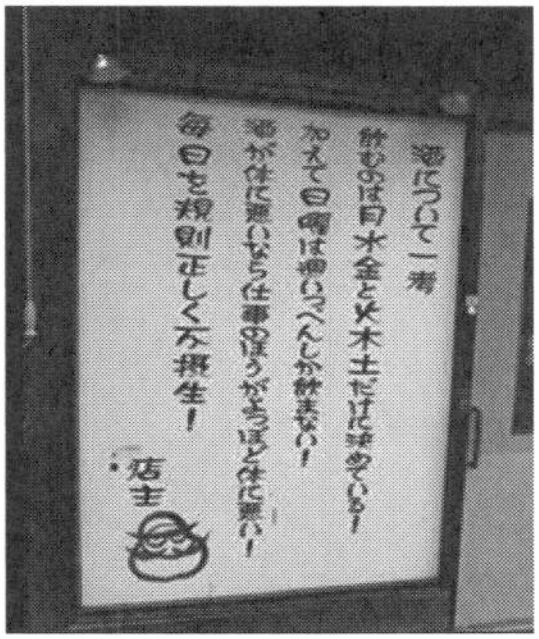

7位　新宿区　飲み屋の看板
飲んべえの神髄を突いている

8位　中央区　佃島
まるで田舎の漁港

9位　墨田区　鳥ちゃんこ鍋
量の多さと相撲を取った

10位　大田区　池上線
私の青春の歌の舞台

◇まとめ

旅を終えての印象は、東京は世界のスーパーシティの中でも、たいへん個性的であるということ。個性的、イコール日本的とも言えると思う。

人、文化、歴史、伝統、技術、自然、治安、交通、芸術、教養、メディア、宗教、建物、グルメなどにおいて、日本的であった。日本的——我々日本人にとって心地よい響きがある。今回の東京23区探索徒歩の旅の最大の成果は、「日本的」ということが、どういうものであるかを具体的に感じることができたことである。

私、今回の東京23区探索徒歩の旅を含めて、過去4回、1年を通してテーマを決め、徒歩の旅を実施してきた。

最初は、徒歩の旅自体が目的であったが、この頃、徒歩の旅は手段、私流に言えば修行であり、目的は修行をすることによって、自己を高めることだと思い始めている。

自己を高める手段として、

①経験：仕事、生活、旅

②情報：本、芸術、メディア

③対人：家族、会社、友人、地域、恋愛

があると思っている。

自分は、この1年、旅に多くの時間を費やした。

1回あたり準備に2時間、旅12時間（移動含む&カフェでデータまとめ）、まとめに8時間＝22時間。トータルでは、22時間×23回 ＋ 計画&まとめ10時間＝516時間（21・5日相当、1年のうちの6％）

この時間は、若干、他の手段を犠牲にしたこともあったが、自己を高めるのには、非常に有効な時間であった。

やり遂げた自分を少し褒めてやりたい（あまり褒めると木に登るので止めておく）。

お正月、毛ガニ&にごり酒が準備されている。

なお、今回紹介した6区以外の徒歩の旅をお読みになりたい方はホームページ「折乃笠公徳 情報の森」http://orinokasa.com/ をご覧ください。

併せて、6区の写真も掲載しております。

第二章　大月—日野ノンストップ徒歩の旅

◇目的（何のためにやるのか）

大切なことは、「失敗は失敗と認めて、それを踏み台にして、前に進む」こと。つまり、失敗を恐れず、何ごとにもチャレンジして、失敗したら、再発防止をしっかりやって、また前に進む。常に歩くこと。

有言実行。周りにやるぞと言ってしまい、自分を逃げられない状況にしてしまう。以上を踏まえ、前回のリタイアの悔しい思いに対し、リベンジを実施。

◇目標（いつまでに何をどうするか）

1日で、59・2キロを歩き切ること。完走すること。

◇事前準備

途中リタイアの再発防止として（前回及びプレウォーキング45キロに対し）

①足裏の直径4センチのマメ対策としてウォーキングシューズを購入、慣らし実施。

②股関節の痛み（原因：足の長さ違い）対策として、前日整体にて矯正実施。

③身体的強化（練習不足、当週月曜朝マレーシアから帰国&忘年会3回に対し）

・前日2日間、睡眠時間7時間を確保及び前日温泉療養。

・前日2日間栄養補給強化&禁酒。

④精神的強化
・忘年会時、周りの人に吹聴、逃げ場をなくす状態に。
・極限の行に挑んだ比叡山住職の話を心に刻む（月刊誌『致知《ちち》』２０１５年12月号より）

光永圓道住職
「時には悩むことも必要ですが、動くのをやめた時点で物事も止まってしまいます。物事を起こすには最初の一歩が大事。行動を起こしたら勝ちですよ」

宮本祖豊住職
「人間にしかできないことは何かと言えば、単に生きるのではなく、一瞬一瞬を生き切ること。各々の目標に全力で向かっていくことです」

◇実施内容

4時00分 大月の自宅を出発

曇り、それほど寒くない。心身とも、絶好調。

4時15分　大月駅

まだ駅は営業していない

・区間距離：1.4キロ

・全体距離：1.4キロ

・区間速度：5.6キロ／1時間

毎日見慣れた景色も今日は新鮮。

5時34分　鳥沢駅

12月1日から無人駅になった。

・区間距離：8.3キロ

・全体距離：9.7キロ

・区間速度：6.2キロ／1時間

相当なハイペース、体調良好。

6時25分　梁川駅

山小屋風無人駅。空も白々してきた。

・区間距離：4.2キロ

・全体距離：13.9キロ

郵便はがき

料金受取人払郵便

新宿局承認

1409

差出有効期間
2021年6月
30日まで
（切手不要）

160-8791

141

東京都新宿区新宿1－10－1

（株）文芸社

愛読者カード係 行

ふりがな お名前			明治 大正 昭和 平成 年生 歳
ふりがな ご住所	□□□-□□□□		性別 男・女
お電話 番号	（書籍ご注文の際に必要です）	ご職業	
E-mail			

ご購読雑誌（複数可）	ご購読新聞 新聞

最近読んでおもしろかった本や今後、とりあげてほしいテーマをお教えください。

ご自分の研究成果や経験、お考え等を出版してみたいというお気持ちはありますか。

ある　ない　内容・テーマ（　　　　）

現在完成した作品をお持ちですか。

ある　ない　ジャンル・原稿量（　　　　）

書　名				
お買上 書　店	都道 府県	市区 郡	書店名	書店
			ご購入日	年　月　日

本書をどこでお知りになりましたか?
1.書店店頭　2.知人にすすめられて　3.インターネット(サイト名　　　)
4.DMハガキ　5.広告、記事を見て(新聞、雑誌名　　　)

上の質問に関連して、ご購入の決め手となったのは?
1.タイトル　2.著者　3.内容　4.カバーデザイン　5.帯
その他ご自由にお書きください。
(　　　)

本書についてのご意見、ご感想をお聞かせください。
①内容について

②カバー、タイトル、帯について

弊社Webサイトからもご意見、ご感想をお寄せいただけます。

ご協力ありがとうございました。
※お寄せいただいたご意見、ご感想は新聞広告等で匿名にて使わせていただくことがあります。
※お客様の個人情報は、小社からの連絡のみに使用します。社外に提供することは一切ありません。

■書籍のご注文は、お近くの書店または、ブックサービス(0120-29-9625)、セブンネットショッピング(http://7net.omni7.jp/)にお申し込み下さい。

・区間速度：5.1キロ／1時間

ここでコーヒーブレイク10分。気温10度。

7時20分　四方津駅

コモア四方津へのエレベーターが斬新。

・区間距離：3.9キロ

・全体距離：17.8キロ

・区間速度：5.2キロ／1時間

雨が降ってきた。心も雨が降らないように前向きに。

8時30分　上野原市役所

質量とも大月市役所をはるかに超える。

・区間距離：6.0キロ

・全体距離：23.8キロ

・区間速度：5.1キロ／1時間

ここまでの登り坂きつかった。体力消耗。

9時37分　藤野駅着

左足甲激痛　栄養ドリンク補給、ファイト一発！

・区間距離：4.8キロ

・全体距離：28.6キロ

・区間速度：5.4キロ／1時間

左足揉んでいたらおばちゃんが使い捨てカイロをくれた。感謝。

10時50分　相模湖駅

さわやかな駅で気持ちよい

・区間距離：5.1キロ

・全体距離：33.7キロ

・区間速度：4.7キロ／1時間

左足甲限界。使い捨てカイロを貼る。心まであたたかくなる。

11時00分　相模湖駅前の食堂

ここは何でもうまい。

エビフライ・チキンカツ・コロッケ定食を頼む、800円。

すげえうま～い！　エネルギー充塡120％ ！

いよいよ大垂水峠越え。

12時56分　大垂水峠頂上

・区間距離：6.5キロ

・全体距離：40.2キロ

・区間速度：4.7キロ／1時間

いやあ～登り坂、長い長い。足へのダメージ大。

14時20分　高尾山口駅着

大垂水峠通過。よく頑張った。

・区間距離：5.8キロ

・全体距離：46.0キロ

・区間速度：4.1キロ／1時間
靴下脱ぐと両足とも紫色。栄養補給して30分休憩。

15時12分　高尾駅

休憩での身体冷却と疲れで下半身痺れ発生。
・区間距離：2.1キロ
・全体距離：48.1キロ
・区間速度：5.0キロ／1時間
一歩一歩が貴重になってきた。

16時04分　西八王子駅付近

イチョウ並木が長過ぎる。
・区間距離：3.3キロ
・全体距離：51.4キロ
・区間速度：3.8キロ／1時間
ペースダウン。なんでこんなことしているのかと思い始める。

17時03分　大和田橋

必死で歩いている。気が付くと辺りが暗くなっていた。
・区間距離：3.6キロ
・全体距離：55.0キロ
・区間速度：3.7キロ／1時間
大和田橋へ着くことだけが目標だった。
また次の目標を。

18時05分　日野自動車正門

気力のみで歩いている。

・区間距離：3.4キロ

・全体距離：58.4キロ

・区間速度：3.3キロ／1時間

着いた瞬間ヘタり、座り込みそうになった。我慢。

18時20分　家内実家（第一多摩寮そば）

ラスト800メートルは死ぬほど長かった。

・区間距離：0.8キロ

・全体距離：59.2キロ

・区間速度：3.2キロ／1時間

玄関で座り込んだら立てなくなってしまった。

◇まとめ

・全所要時間：４時～18時20分、14時間20分（うち休憩時間 １時間31分）
・全歩行距離：59・２キロ
・平均速度：４・６キロ／１時間

・完走という目標は達成できた。
・ただし、事前準備が十分でなく、一部まぐれ感はある。
・身体的ダメージを精神的にカバーした部分は多々ある。
・そうは言っても、チャレンジした自分を少し褒めてやりたいと思う（その夜は腰が立たぬまま、家内の手料理で日野おとっつぁんと祝杯のご褒美）。
・口だけの世界から行動をやり切る世界、人生観が変わったような気がする。周りに感謝。自分に感謝。

第三章　神奈川の歴史を訪ねる徒歩の旅

（1）全体計画

◇はじめに

4年間、山梨、東京の自然、文化、生活などを歩くことにより自分自身の五感と足で探索してきた。徒歩は手段、目的は修行をすることにより自己を高めることにあった。

2015年は、自己を高めるという目的に変わりはないが、手段として神奈川という魅力的な場所の歴史を調べ、徒歩で訪ね、自分なりの考察をするというチャレンジをする。

◇目的（何のためにやるのか）

・日本はどのような未来に向かっていくのか、我ら日本人はどう考え、どう行動したらよいのかを知ること。
・有言実行。
・何ごとにも目的を持ってチャレンジする。常に歩くこと。

◇目標（いつまでに何をどうするか）

・神奈川の歴史を通じて日本、日本人の素晴らしさを再確認する。
・歴史を考察する中で、我々現代人の問題点と、その解決策を考える。
・往復以外は全て徒歩（平均25キロ／回）とし、五感と足で歴史を吸収する。
・行き帰りの交通機関を楽しむ。
・それぞれの土地のご当地グルメを楽しむ。

◇旅の内容

最初に、神奈川県立歴史博物館にて歴史概要を調査し、詳細計画を立てる。

歴史博物館紹介

明治37年に横浜正金銀行本店として建てられ、現在国の重要文化財・史跡に指定されている歴史的建造物。中の雰囲気は、明治時代のモダンさと重々しさがマッチングした落ち着いた雰囲気である。

「かながわの文化と歴史」をテーマとし、神奈川の先史から現代までの資料を展示している。資料は時代ごとのテーマを明確にして分類されている。

①さがみの古代に生きた人びと

②都市鎌倉と中世びと

③近世の街道と庶民文化
④横浜開港と近代化
⑤現代の神奈川と伝統文化
神奈川の歴史を考える上での大きなポイントは、「海」であるとわかった。時代ごとに、人々が海とどう共存していったかが、命題となる。

全10回の神奈川県の旅で、今回、紹介する紀行文は、三浦半島、鎌倉、箱根、横浜、川崎の5カ所。

◇レポートのまとめ方

・時代の中心人物（例／源頼朝）及び物（例／大仏殿）などに的を絞ってレポートしていく。関連人物（例／北条政子）による紹介方式とする。
・本、インターネット上の記事で仮説をつくり、旅で実証していく。
・日本、日本人の素晴らしさを、自分の文及び写真で表現する。
・合わせて、それぞれの歴史から我々現代人の問題点及び解決策を考え表現する。
歴史は、いろいろな人の生きざまを教えてくれる。歴史を学ぶのは、人生を考えること。

歴史は、ロマンだ。

(2) 弥生時代　三浦半島　縄文太郎の旅

◆三浦半島の海蝕洞窟遺跡を訪ねる〈弥生時代〉

◇今回の旅の目的

三浦半島には海蝕洞窟《かいしょくどうくつ》遺跡が30カ所あり、弥生時代の土器や漁撈具や貝殻などが出土している。有名なのが毘沙門《びしゃもん》洞窟。水稲農耕を開始した弥生人がなぜ海の生活をしていたのかについて、弥生人の一つ時代の先輩である縄文人の目から迫る。

◇今回のルート

〈往路〉大月駅↓（中央本線）↓八王子駅↓（横浜線）↓東神奈川駅↓（京浜東北線）↓横浜駅↓（京浜急行線）↓三浦海岸駅↓（バス）↓剣崎

以下は徒歩で。剣崎↓（徒歩の旅）↓城ヶ島
〈復路〉城ヶ島↓（バス）↓三崎口駅↓（京浜急行線）↓三浦海岸駅↓（京浜急行線）↓
横浜駅↓（京浜東北線）↓東神奈川駅↓（横浜線）↓八王子駅↓（中央本線）↓大月駅

◇レポーター自己紹介（縄文太郎）

吾輩は縄文時代に生きた縄文太郎である。弥生時代のレポーターを担当する。よろしく。吾輩の生まれは今から1万6500年前、今回紹介する「弥生ちゃん」は2300年前だ。ここで、吾輩の顔と弥生ちゃんの顔を比較すると、吾輩は彫りが深く、がっしりとした骨格で髭も濃い顔に対し、弥生ちゃんは色白で平面的なあっさりした顔をしている。

弥生ちゃんの遺伝子は、基本的に近畿地方を中心とした日本の中心部に多く、吾輩ら縄文系の遺伝子は北海道や沖縄に多いらしい。皆の衆、うなずけると思う。

さて、吾輩の大先輩は？　やはりお猿さんですね。

ここで、次の表を見てくれ。

注目点は、生活スタイルと家である。弥生ちゃんの生活は農耕・稲作で定住。家は竪穴式住居である。

それでは、なぜ三浦半島の毘沙門天洞窟で弥生ちゃんが生活していたのか？　これを解

	縄文時代	弥生時代
時代区分	約１万6500年前～紀元前３世紀	縄文時代の終わり～３世紀
生活スタイル	狩猟・採集で移住。後期からは稲作も	農耕・稲作で定住
道具	木製	金属製の道具が登場
土器	縄文土器	弥生土器
家	洞穴・竪穴式住居	竪穴式住居
身分の差	なし	村をまとめるリーダーの誕生
有名な遺跡	三内丸山遺跡（青森）・上野原遺跡（鹿児島県）	登呂遺跡（静岡県）・吉野ヶ里遺跡（佐賀県）
有名人	—	卑弥呼

縄文・弥生時代の比較対照表（山川出版社『山川 詳説日本史図録』を参考に作成）

明するのが、今回の吾輩の命題なのである。

◇三浦半島　徒歩の旅レポート（縄文太郎）

ここからは、吾輩・縄文太郎が案内をする。

三浦海岸駅着。なんと桜が咲き始めていた。いつの時代も桜はきれいである。ここからバスに乗って剣崎へ。弥生ちゃんの2300年前に電車やバスはあったの？　まあ堅いこと言うなって。

さて、海岸線を剣崎から城ヶ島まで歩いていく。弥生ちゃんはどんな暮らしをしていたのだろう。

ここで、少し弥生ちゃん時代の三浦半島について説明しよう。

三浦半島では弥生時代は中期（BC1～A

D1世紀）に始まったと考えられている。この時期（三浦半島では弥生時代後期が継続中）になると東海地方以西の古墳時代の土器が多数持ち込まれていることから、三浦半島では東海地方以西が古墳時代になっても、一定期間弥生時代が継続していたことがわかる。
ただし、このような現象は三浦半島に限ったものではなく、古墳時代の中心地である畿内から遠く離れた地域では広くみられる現象だ。したがって、三浦半島では弥生時代後期から古墳時代にかけて継続的に人は住んでいたことになる。

縄文太郎は物知りだって？　実はインターネットで調べたのだ。2300年前にインターネットがあった？　ある本では「歴史は宇宙人の活動と連動する」と唱えられており、古代から地球には高度な技術を持った宇宙人が来ていたという。その本には歴史を大きく覆す衝撃的なことが書かれている。別の機会に吾輩の子孫の折乃笠を通じてご紹介しよう。読みたい人がいたらお貸しします。

剣崎から歩いて山道を10分歩くと、江奈湾に出た。日焼けした漁師のおじさんが二人、海を見ていた。弥生ちゃんの顔にそっくり。三浦2300年の歴史。
うまそうなカモメがたくさんいる。オッと失言。かわいいカモメさんたちが泳いでいる。

海から少し陸に入ると、広い田んぼや畑が多い。まさしく、この辺で弥生ちゃんは稲作を始めたのだろう。我ら縄文人には考えられないことだ。

家族や、その集落の者たちが協力して米作りに励む姿が想像できるだろう。あたたかくのどかな雰囲気。日本人の原点のようだ。

少し山の中を歩いていくと、白浜毘沙門天に出た。三浦七福神の一つで地元漁師の信仰が篤いという。１３００年代建立ということだ。まだまだ若い。

再び海に出た。左に岩の小さな山が見える。この辺で弥生ちゃんは、貝や海藻を採っていたのだろう。生で食べていたのかな。

江奈湾から毘沙門湾へかけては珍しい海浜植物や海浜動物を見ることができる。縄文時代からあまり生態系は変わっていない？

岩から岩へと岩礁地帯が続く。弥生ちゃんはここを裸足で歩いていた。足の皮はさぞ厚かったのだろう。吾輩縄文太郎には裸足は無理である。

そして、いよいよ毘沙門洞穴着。ここが、弥生ちゃんの本宅である。海蝕洞穴。毘沙門洞窟ともいう。

弥生時代後期の相模湾に面した高さ約20メートルの海蝕台地の断崖中腹に、数メートルから十数メートルの間隔をおいて4洞が並ぶ。それらの入り口の幅は、2メートルから11メートルのものまであり，奥行きは8メートルから20メートルにも及んでいる。

縄文太郎、勇気を出して洞窟の中に入ってみる。。。中は冷えびえとしていて、何か霊気のようなものを感じる。さっきから、右の黒い岩に人の顔が映っているように見えてしょうがない。アップ写真を数枚撮っても全てピンボケ。縄文太郎の毛深い皮膚には鳥肌がたっている。毎日、熊や猪と戦っている吾輩にも怖いものがある。

さらに先に進むか。臆病な折乃笠だったら速足で逃げ帰っているだろう。

お～お！　何かいるぞ。

縄文太郎、恐怖で立ち往生。仏像だ。縄文時代にはなかった。弥生ちゃん時代にはあったのだろうか？

さて、気分を変えて弥生ちゃんの洞窟での暮らしぶりを紹介しよう。

弥生ちゃんたちは、洞窟をそのまま生かし、洞窟の中央で火をおこし、暖を取ったり食べ物を焼いたりしていた。現代の読者のあなたは、神奈川県立歴史博物館のパンフレットで、その想像図を見ることができる。

弥生ちゃん家族が楽しそうに暮らしている。採ってきた魚は焚き火、あるいは炉のようなもので焼いていたのだろう。

吾輩は近くの毘沙門茶屋でアジを焼いてもらった。

縄文時代には川魚を食べていたが、海の魚は食べていなかったのかな。吾輩・縄文太郎は、海魚は今回初めて食べたのだ。超うまかったのだ。竪穴住居の家族にも食べさせてあげてぇ～。

弥生ちゃんは、米を主食に、おかずに魚、貝、鹿などを食べていたのか。うまや、、、らしい～。この時点で、日本食の原点が完成していたのか。

次に面白い風習を紹介する。

【卜骨・卜甲】

占いに使われた道具で、シカの骨を用いたものを卜骨《ぼっこつ》、カメの甲羅を用いたものを卜甲《ぼっこう》という。表面を点々と焼き、そこから生じたひびの方向やかたちで吉凶を占ったらしい。

全国で２００例近く発見があるが、その約半数は三浦半島の遺跡で見つかっているそうだ。

まさか、おみくじではあるまい。たぶん、漁に出るときの可否判断に使ったのではないか。弥生ちゃんは、海の怖さ、自然の怖さを知っていたのだろう。さすが！

【骨角製漁撈具・釣り針・離頭モリ、貝庖丁】

洞窟からは、様々な生活道具が出土している。離頭モリ、ヤス、釣り針など豊富な骨角製漁撈具は、ここが漁撈生活を営むのに好適な場所であったことを物語っている。試行錯誤の結果、骨角の強度が強いことを知ったのだろう。形状も材料力学の理にかなっている。さすが！

アワビ製の貝庖丁は、石庖丁に類似の形態をしており、同様な用途が考えられるが、海へ出て、海藻類の採取に使用された可能性も考えられるとのこと。

まさしく、長年の生活の知恵である。携帯用として軽量化を狙っているのか。さすが！

三浦半島の海岸沿いにできた横穴のほとんどは、弥生時代人によって生活の場とされてきた。

21世紀、場所によっては、まだ人が生活している洞窟もあるそうである。２０１４年頃から、ホームレスが増えてきたそうだ。

縄文太郎は思う、21世紀は夢の時代ではなかったのか？

洞窟を出ると真っ青な海が、そして、遠くに島が見える。２０００年後、この島は伊豆大島と呼ばれているらしい。数万年前に海底火山で誕生したこの島は、弥生ちゃんの時代にはもう存在していた。

弥生ちゃんは、毎日、この海を見て何を考えていたのだろうか？

なぜ、地球は丸いのか？

人間はなぜ存在するのか？

あの島には綺麗な人がいるのだろうか？

明日は、何の魚を食べようかな？

いずれにしても、山に住む吾輩・縄文太郎に比べて、思慮深く、自然を敬い、生活の知恵を持っていたに違いない。

なぜ、毘沙門天洞窟で弥生ちゃんは生活していたのか？　その答えは、海があったからだ。海が人間にとって魅力的なものであるからだ。

さて、ここからさらに岩礁を通って城ヶ島に向かう。なんだか足が痛くなってきたぞ。

【盗人狩《ぬすっとがり》】

泥棒がここに逃げてきたが、絶壁と逆巻く怒濤に足がすくみ、捕まったことからこの名がついたという。江戸時代？　情けねえ～話！　弥生ちゃん時代には盗人がいなかった。

【八景浦】

八景浦から綺麗な富士山が見えている。こんな綺麗な富士山を見たのは初めてだ。活火山の富士山はいつの時代も噴火を繰り返し、醜い姿をしていた。21世紀の時代、富士に感謝。

【通り矢】

後に北条氏との戦いで里見軍が射た矢が海峡を通過してきたという通り矢の松。日本の歴史の中で室町時代は豪快だ。弥生ちゃん時代は、静かなものだった。

【城ヶ島】

島の東西で岩質が異なり、東部は初声層《はっせそう》（約400～300万年前に堆積したスコリアと軽石質砂礫からなる凝灰岩）、西部は三崎層（約1200～4000万年前に堆積した凝灰質シルトとスコリア質凝灰岩の互層）からなる。よって、吾輩の縄文時代（16500年前）には、城ヶ島は既にあったのだ。

縄文太郎　はて、弥生ちゃんは城ヶ島に上陸できていたのか？

折乃笠　なんと、遊ヶ崎（城ヶ島大橋直下）にて弥生時代の遺跡が発見されており、この頃から人が住んでいたと考えられる。

縄文太郎　それでは、弥生ちゃんはどうやって海を渡ったのか？

折乃笠　びっくりすることなかれ、弥生時代には丸太をくり抜いて造った丸木舟に竪板《たていた》や、舷側板《げんそくばん》などの部品を組み合わせた準構造船という大型船があったと考えられる。

縄文太郎　吾輩も、弥生ちゃん時代に生まれたかったものだ。

それでは、船ではなく、城ヶ島大橋を歩いて渡る。自動車は有料、歩きは無料。島を海岸線に沿って一周する。いよいよ、この旅も終盤に近づいた。

最後に、旅を終わり、吾輩・縄文太郎がご挨拶をする。

今日、吾輩・縄文太郎は、弥生時代の歴史を訪ねる旅をした。

人間は、海と共存をしながら、今日まで進歩してきたことがわかった。

海は、人間にとって魅力的な存在である。

縄文時代から弥生時代にかけての変化は大きく、弥生時代には既に21世紀の日本文化の骨格が作られ始めていた。

縄文太郎のレポートは以上で終わり、海にさよならして、１６５００年前に帰る。

歴史はロマンである。

◇ご当地グルメ情報

【お昼の部】

11時00分 毘沙門湾近くの茶屋へ。

超田舎風食堂、囲炉裏で魚を焼いている。窓辺には水車があり、さらにその先に海が見えている。

名物すいとん（５５０円）と焼き魚（６５０円）を頼む。

卵とキノコと鶏肉のコクのある味噌スープに柔らかなすいとん。美味！　美味！　こんなおいしいすいとんは食べたことがない。

焼き魚（アジ）は新鮮、絶妙の塩味、囲炉裏で長時間焼き上げられた絶品だ。美味、美味！　こんなおいしい焼き魚、食べたことない。

【おやつの部】
14時30分 城ヶ島灯台の近くのお店でいか焼き半身（１５０円）。生姜醤油といかのマッチングが絶妙な味。

14時57分 城ヶ島の三崎口駅行バス停。

バスの中のビールは最高だった。

【夕飯の部】

16時00分 三浦海岸駅前のお寿司屋さん。マグロしらす丼（1080円）、冷酒（870円）うまい〜。最高〜。幸せ〜。

本日は、最高なグルメの旅でもあった。超ご機嫌モードで帰途（車中、缶ウイスキーあり）。

◇まとめ

①日本・日本人の素晴らしさ。

日本には、天皇を中心として国が存在した。初代天皇・神武天皇の即位は紀元前660年であるから、縄文時代の末期ということになる。

現世界には200近い独立国家があり、多くは元首を選挙で決める共和制であり、約30カ国は君主制をとっている。

その中で、日本の皇室は神武天皇から数えて126代（2020年現在）、同一血縁の王家が続いているのである。このことは歴史的、世界的に見ても類のない、日本が誇るべき事実だと思う。

②自然を敬い、受け入れ、抵抗しない。

これまさしく、神道である。神道は、山や川などの自然や自然現象などを敬い、それらに八百万の神を見いだす。まさしく、今回の弥生人の海蝕洞窟生活が神道に発展したのではないだろうか。

③自然と共存して、四季を利用して、生活を楽しむ。

弥生時代の稲作生活や海蝕洞窟生活には、あまり悲壮感が感じられない。何十年、何百年と自然と闘って、やっと共存できるようになったのだと思う。

関東大震災を経て、第二次世界大戦後の奇跡の復興を成し遂げた日本人には、まさしくこの弥生時代から培われてきた不屈の精神が根付いているのだと思う。

日本文化の原点・弥生時代は、自然に逆らわず、自然と共存していた。それに対して現代人は、自然に挑戦し過ぎなのではないだろうか。人間は自然には勝てない。

歴史を学ぶということは、先人の失敗を繰り返さないようにすること、そして、それを教訓にすることである。日本人は皆、もっと歴史を学び、自身の素晴らしさを知ることが必要である（ホームレスになって洞窟で暮らしてみるというのも一つの方策である）。

私も、この歴史を訪ねる徒歩の旅の中で、今後も歴史を学ぶことの意義を、もっともっと掘り下げていきたいと思う。

(3) 鎌倉時代　鎌倉　北条政子の旅

◆鎌倉幕府の誕生から繁栄、そして終焉を探る〈鎌倉時代〉

◇今回の旅の目的

日本は、鎌倉時代から政治の権力が朝廷から幕府へと移っていき、武家政治の時代になっていった。

そこで、鎌倉幕府の誕生から繁栄、そしてその終焉までを、初代将軍・源頼朝の妻・北条政子が鎌倉全域を歩き訪ねながら解き明かす。

◇今回のルート

〈往路〉大月駅↓（中央本線）↓八王子駅↓（横浜線）↓東神奈川駅↓（京浜東北線）↓横浜駅↓（横須賀線）↓鎌倉駅

以下は徒歩で。鎌倉駅↓（徒歩の旅）↓長谷駅25キロ

〈復路〉長谷駅↓（江ノ島電鉄）↓鎌倉駅↓（横須賀線）↓横浜駅↓（東急東横線）↓中目黒駅

◇レポーター北条政子について

①月刊歴史怪童

北条政子は伊豆国の豪族・北条時政の長女として生まれた。伊豆の在庁官人であった時政は、平治の乱で敗れ、同地に流されていた源頼朝の監視役であったが、時政が大番役のため在京中の間に政子は頼朝と恋仲になってしまう。頼朝との婚姻は治承元（１１７７）年の頃と推定される。時政はこの婚姻には大反対であったという。しかし最終的に時政はこの二人の婚姻を認めた。政子は、まもなく長女・大姫を出産する。時政も二人の結婚を認め、北条氏は頼朝の重要な後援者となる。

②週刊プレーボーク

頼朝は貴公子であり、都の情報にも長けていた。家臣を通じて情報を手に入れていたのだ。そして優れた歌などを詠める高い教養もあった。むろん源氏の嫡子としての恵まれた教育を13歳まで受けていたのだから、それは当然なことかもしれない。彼は肖像画や木像からみてもかなり都の公達の雰囲気をかもし出している。

源氏一族は皆、公達顔で、色白、細面、美男の系譜を受け継いでいたようだ。それはもう、伊豆の田舎娘たちにとっては、たまらない魅力があったであろう。伊豆といえば当時は、本当に一番の島流し所だったのだから、木曾と比べてもその田舎ぶりは張るかもしれない。阪東武者の荒々しさ、無骨さも満ちていた環境で政子は育ったのだ。彼女のあのものおじせず、キレやすい性格もそんな環境から培われたに違いない。

③週刊清朝

政子はいわずと知れた尼将軍。頼朝亡き後、鎌倉幕府を支えた女傑。

歴史三大女傑として北条政子、日野富子、春日野局が出てくるが、その中でも最大の女傑レベルではないか、この人。とにかく個性的だし、気の強さも一流。

派手に家臣たちの前でも喧嘩を頼朝に吹っかけた。

④週刊女性自信

側室が当たり前のこの時代、正妻の女性が嫉妬するのはかなりおかしい。そしてそれを顕わにするのは女性のたしなみに反している。都の洗練された女性たちはそのような嫉妬をみっともない、とした。政子は典型的な田舎娘、頼朝もさぞ苦労しただろう……。

木像を見ると、晩年の姿だが、典型的な当時の美人顔。下膨れ、切れ長の一重、おちょぼ口、だんご鼻。さぞ若い頃はかわいらしいイメージがあったのだろう。

⑤週刊実は

1180年（治承4年）、源氏再興の挙兵を果たした源頼朝が鎌倉に入り、武家の都を創設すると、政子は御台所としてそれを支えた。

源頼朝亡き後、実権を握りたい北条氏は、有力御家人を次々と滅ぼした。

1200年（正治2年）　梶原景時が駿河国で討死（梶原景時の変）。

1203年（建仁3年）　比企能員が暗殺され、比企一族が滅亡する（比企の乱）。

同年、長男で二代将軍源頼家が追放され、翌年暗殺されている。

1205年（元久2年）、畠山重忠・重保父子が討死（畠山重忠の乱）。

畠山重忠の乱後、政子と弟義時は、父時政を鎌倉から追放し、1213年（建暦3年）には侍所別当の和田義盛を滅ぼした（和田合戦）。

1219年（建保7年）、次男で三代将軍の源実朝《さねとも》が暗殺された（源実朝の暗殺）。

これらの事件に政子がどのような立場で、どれだけ関わっていたのかは不明だが、北条氏主導の政権とするために自分の子を犠牲にし、源氏の血を絶ってしまったことは確かなこと。

◇レポーター自己紹介（北条政子）

あたしは北条政子。マスコミになんと言われようが構わない。強い意志のもと、自分の思いを大事に生きてきました。

ここで、強く申し述べたいのは、鎌倉時代は源氏三代によるものではなく、その後執権北条氏の時代をも含めた時代を言います。実はこのことは後世にあまり知られていません。

あたしは夫源頼朝に21歳のときに嫁ぎ、４人の子どもを授かりましたの。夫は征夷大将軍となり、あたしは御台所と呼ばれるようになりました。その後、源家と北条家の間に軋轢が発生し、多くの苦悩を味わいました。あたしは、北条家を守るために自分の子どもを暗殺などしていない。腹を痛めた大事な我が子を殺すなんて、そんなことできるはずがないでしょう。

あたしはこの北条政子こそが鎌倉時代における最大級の中心人物であると思っています。だから、自分の足で歩き、自分の頭で考え、自分の声で鎌倉時代を語りたいのです。皆さん、よろしくお願いいたします。

◇鎌倉　徒歩の旅レポート（北条政子）

今回、あたしは現代の皆さんに１４０年間続いた鎌倉時代の真実を伝えるために、８０年のタイムスリップをしてやってまいりました。鎌倉の街はとても広く、多くの史跡がありますの。１日25キロ歩いて、一人称で紹介していきましょう。

25キロなんて歩けるかって？

あたし、若い頃から伊豆の山の中を走り回っていましたから、それくらいまったく平気なんですのよ。

４月４日の朝７時30分、小雨のＪＲ鎌倉駅を出発します。

鎌倉駅は鎌倉的でセンスが良く、風情もあって、とっても素敵。最初から感謝。桜が咲き誇る若宮大路を鶴岡八幡宮《つるがおかはちまんぐう》に向かって歩きます。ここは、頼朝公があたしの懐妊を知り、１１８２年に安産祈願のため、造ってくださった石道「段葛《だんかづら》」があります。優しい殿でしたのよ。

道中、伝統工芸・鎌倉彫のお店や粋なお茶屋さんなどがあります。懐かし。小町通りという通りがありますの。まだ今は朝早いので人がいませんね。

８時50分 宝戒寺《ほうかいじ》着。

参道に入る前には深く頭を垂れ、長く黙禱いたしました。悲しみの気持ちでいっぱいです。実はここは、かつて我ら北条一族が執権として住んでいた場所なのです。１３３３年に新田義貞が鎌倉に攻め入り、屋敷は戦火で焼け落ちました。悲しい。自刃した鎌倉幕府14代執権北条高時とその一族に対し、後醍醐天皇が足利尊氏に命じて屋敷跡に建立した寺がこの宝戒寺なのです。ですから、思いは複雑です。

あたしの父時政が初代執権で鎌倉幕府が始まり、このとき14代執権高時でついに鎌倉幕府は終焉を迎えたのです。

その終焉のときには、既に源家はなく、もちろんあたし政子も既にこの世にはいませんでした。

今日の今、宝戒寺はとても重々しい雰囲気にありました。涙ながらに、我ら北条一族に深く黙禱を捧げます。

ここで、源家と北条家の関係を以下に示します。

鎌倉時代とは１１９２年〜１３３３年の約１４０年間を指します。源頼朝が征夷大将軍となって鎌倉幕府を開き、源氏が３代で滅亡した後は北条氏が執権となって政治を動かしました。執権とは、今の時代に例えると内閣官房のことですが、権威としては副総理大臣くらいあったと思います。

9時02分

鶴岡八幡宮にやって来ました。八幡宮前は広々としていて清々しい印象があります。ここは、1180年、頼朝公がかつて由比ヶ浜にあった御社をこの地に遷したのを起源とし、武家政治の舞台として数々の歴史を煽ぎました。

源平池は、あたし政子が、源家が栄えることを願って1182年に弦巻田と呼ばれる社前の水田3町余に専光坊や大庭景義らに命じて掘らせた池でございます。

本宮は朱色と浮き彫り装飾が見事です。現在の建物は1828年に江戸幕府11代将軍・徳川家斎公が再建してくださったのです。

舞殿は静御前が義経さまを慕う舞を頼朝公に披露した若宮社殿の回廊跡に建っています。あ〜あ。今でも覚えています。あの日のことを……。

静御前は舞を披露した際に、頼朝公の目の前で義経さまを慕う歌を詠ってしまいました。もともと、頼朝公は義経さまをよく思っていなかったのです。頼朝公は激高しますが、あたしはこう言いました。

「あたしも流刑人だったあなた（頼朝公）との結婚を周囲に反対され、家出同然であなたのもとに走りました。戦いの間、あなたと連絡が取れず不安な日々を過ごしたこともあります。ですから、今の静御前の気持ちはよくわかります。私であっても、同じような歌を謡うでしょう」

周りの人は言います。

頼朝公は、気が強く聡明な北条政子に頭が上がらないが、政子は頼朝のことを心から愛していた、と。その通り！　あたしは死ぬまで頼朝公を愛しておりました。今日、改めて八幡宮さまにそのことをお伝えいたしました。

9時25分

当時を思い出すために、宮内にある鎌倉国宝館に行きました。

館内に入った瞬間、殺気に似たすさまじい雰囲気に動けなくなってしまいました。すさまじい形相の像。一体これは何？

初江王《しょごうおう》座像　冥土で亡者を裁く十王の一人、十二神将立像　薬師如来をお守りする12人の武神。

何を言わんとしているのか？　人間の怒り？　苦しみ？　悲しみ？　何なのか？

その答えを得るために売店で『仏像のキホン』という本（500円）を購入し、勉強いたしました。

そして、その答えがわかりました。感激です。国宝館では充実した時間を過ごせました。

9時55分
ここから、頼朝公が大蔵幕府を開き、鎌倉幕府の礎を築いた地を通ります。
桜が綺麗、ここは横浜国大付属鎌倉小学校です。頭の良さそうなお子たちがいますね。
桜のトンネルです。いつの時代も桜は綺麗。
昭和時代のポストがあります。風情あり。鎌倉はいいですねえ。

さて、いよいよ今回、あたしが一番来たかった場所に着きました。それは、我が夫・源頼朝公のお墓です。
大倉山の階段をゆっくり上っていきます。しばらく殿と二人にしてください。

殿、お久しぶりでございます。政子です……。
「政子、よく来てくれた。わしじゃ。頼朝だ。わしの死後、政子は本当によくやってくれた。わしは極楽からずっとそなたを見ていたのだ。鎌倉幕府を開いて間もない1199年、わしは落馬が元で急死した。政子はわしの死後、後を追うことも考えたみたいだが、『子どもたちを見捨てることはできなかった』と『承久記』に残されている。髪を切り、尼となった政子は、家督を継いだまだ17歳だった長男・頼家を支えた。その後、長男・頼家、次男・実朝は殺されてしまったが、家来たちをまとめて、わしがつくった鎌倉幕府存続のために尽力してくれた。

1221年には、後鳥羽上皇が鎌倉幕府から政権を取り戻そうと承久の乱を起こした。朝廷の敵とされ、戸惑う武将を前に政子は、以下のように演説した。

『皆さん、よく聞いてください。頼朝さまが平氏を滅ぼし、この地に幕府を開いてから、あなた方の役職も収入もずいぶん良くなり、幸せな生活が送れるようになりました。それもこれも、頼朝さまのおかげです。その恩は山よりも高く、海よりも深いはずです。しかし、その恩を忘れ、朝廷側につくのではあれば、まずは私を殺し、この鎌倉を焼きつくしてからにしてください。それから京都へとお行きなさい！』

これを聞いた武将たちは、朝廷軍と戦う決意をした。幕府軍の結束は固く、最終的には19万騎にもなった。それ対し、朝廷側の軍勢はおよそ2万数千騎しか集まらず、承久の乱は幕府側の圧勝で終わり、鎌倉幕府の力は、さらに強固なものとなった。あっぱれであった。政子、本当にありがとう」

殿、身に余るお言葉、政子は本当に幸せです。

階段を下りると白旗《しらはた》神社があります。民家にとけ込むようにひっそりと佇む静かな境内ですの。ここは、頼朝公が持仏堂として篤く信仰していました。

頼朝公の死後は法華堂として、頼朝公の命日に将軍が参拝していました。とても由緒ある神社なのです。

そして、その先をさらに進むと荏柄天神社《えがらてん》があります。朱色がきれいですの。

頼朝公が鎌倉幕府開府にあたり鬼門の方向の守護社として社殿を造営、さらに豊臣秀吉殿の命で徳川家康殿が社殿の造営を行いました。福岡市の太宰府天満宮、京都市の北野天満宮と共に日本三天神に数えられる神社なのです。

古都を思わせる小道を歩いています。歴史的名所をつなぐ小道は、どこも趣深く、ほっと落ち着く道ばかり。あ〜。日本に生まれて良かった、と思いますね。花らっきょもあるし……。

10時45分

小道を進み鎌倉宮着。

鎌倉宮は、１８６９（明治2）年、明治天皇によって護良親王《もりよししんのう》を祀るために建てられました。長い歴史において、この鎌倉宮が唯一「天皇自らが創建」した神社ですのよ。

祭神の護良親王は、「建武の新政」を行った後醍醐天皇の皇子。親王は、楠木正成らとともに鎌倉幕府打倒を目指して戦い、幕府滅亡後には征夷大将軍に任ぜられましたが、1334（建武2）年11月15日、武家政権を狙う足利尊氏と対立し、この地にあった東光寺に幽閉されてしまいます。

翌1335年、十四代執権北条高時の子北条時行が反乱（中先代の乱）を起こした際、足利尊氏の弟の直義によって殺害されました。怖い、怖い。

11時05分
大蔵《おおくら》幕府跡に戻りました。

ここには、鎌倉で初めて幕府が置かれた地として現在は石碑が立っていますの。桜の花がお見事です。あたし政子の死後、幕府が宇都宮辻子《ずし》に移るまで46年間、ここは鎌倉幕府の中心でありました。

小町通りに戻ってきました。人・人・人。すごいことになっています。あたし、鎌倉時代にこんな多くの人を見たのは、合戦のとき以外にはありません。やっぱり、小町通りには魅力的なお店が多いからなのでしょうね。皆さんも鎌倉にいらしたら、ぜひいかがでしょうか。

さて、横須賀線を跨いで西鎌倉へ行ってみましょう。

途中、鎌倉市川喜多映画記念館の前を通るとまあ！　きれい！　昭和の女優さんのポスターがありました。鎌倉時代の女性もきれいですが、昭和時代の女性もきれい！　思わず記念館に引きずり込まれてしまいました。

折乃笠さんにポスターのお土産を買っていきましょ。きっと大喜びしますよ。

いよいよ横須賀線の踏み切りの向こうに寿福寺《じゅふくじ》の森が見えてきました。重厚な総門を潜ると美しい石畳の参道が続きます。この寿福寺はあたしが頼朝公のご冥福を祈り、1200年に創建いたしました。臨済宗建長寺派、鎌倉五山第三位の寺です。実はあたしと次男3代将軍実朝のお墓があるのです。非常に残念ですが、今日は開門されておらず、お参りはできませんでした。せめて、実朝には会いたかった。無念！

次はお隣の英勝寺《えいしょうじ》へ。清楚ですね。ここは鎌倉で現存する唯一の尼寺。1636年江戸時代、大田道灌の邸宅跡に建立され、代々水戸家の姫君が住職を務めていました。あたしの時代から240年も後のことです。あたしも実朝が死んでから尼になりました。

さらに先に進み、静かな浄光明寺《じょうこうみょうじ》へ。1281年に創建された真言宗のお寺。足利尊氏や鎌倉御所の保護を受けたそうですの。

門を入って左手に、美人祈願で有名な楊貴妃観音の像があります。中国にもお綺麗な方が多いですね。

12時07分 岩船地蔵堂着。

ここも、あたしにとってはとても悲しい場所です。長女・大姫の守り本尊が祀られています。大姫〜！　大姫〜！

大姫は木曾義仲殿の長男・義高殿の許嫁でしたが、頼朝公の命で義高殿は殺されてしまいました。そして、大姫は悲観のあまり病死してしまったのです。

ここで、皆さまに私の実の子たちの話を聞いてもらいたいと存じます。

あたしは全ての子どもに先立たれてしまいました。あたしは子どもたちのことではたいへんな苦しみを背負いながらその生涯を終えました。当時の高い位にある家の子育ては、実の母親が育てるのではなく、乳母がつき、教育をします。あたしの子らもそれぞれに乳母が付けられ、育てられました

ここで、あたしの4人の子どもたちについて折乃笠殿に紹介してもらいます。とてもつらくて、あたしには語ることができません。

＊

長男頼家の場合

長男の頼家は、比企氏が乳母を勤めた。そのうえ頼家は、比企氏の娘若狭局を側室としたことから、余計に実母政子や北条氏との縁が遠くなった。

政子は、「愛」に対してとても真っすぐな女性であり、それゆえ、息子への愛にも重過ぎるものがあったのかもしれない。それが「比企憎し」にまで発展してしまったのではないだろうか。

最終的には、その「比企憎し」がゆえに、頼家を伊豆修禅寺に幽閉し、さらに暗殺しなければならなくなったのかもしれない。

次男実朝の場合

次男の実朝は、頼家の子公暁によって暗殺される。公暁は、実朝と北条氏を「親の仇」として生きていたと思われるが、公暁を哀れに思った政子は、京に僧としての修行に出したり、鶴岡八幡宮寺の別当に就任させるなど、ずいぶんと世話をしたようである。

しかし、かえってそのことが公暁に絶好の「敵討ち」のチャンスを提供してしまったのかもしれず、さらには、夫頼朝の源氏政権をたった40年余で終わらせることになってしまったのかもしれない。

長女大姫の場合

長女の大姫は少女の頃、木曾義仲の子で鎌倉に人質として送られてきた義高になつき、婚約までしていた。しかし、その義高を殺害する命令が頼朝から出されたため、大姫はひそかに義高を逃がしたのだが、義高はすぐに捕らえられて殺されてしまった。

その一件によって、大姫は生きる気力を失くし、長い間病気を繰り返し、最終的には自ら命を絶ったともいわれている。

次女三幡《さんまん》の場合

次女の三幡は、天皇家に嫁ぐことがほぼ決まっていたが、高熱を発し、京より招いた医師に診てもらったものの、結局助からなかった。京の医師が後鳥羽上皇に命ぜられ毒を与えたとの説もある。

あ〜あ。あたしの人生は……。実の子どもを自分より長く生かしてやることができなかった。

悲しみの心で薬王寺へ。美しい桜参道と洞窟内の仏像があたしの心を和らげてくれます。仏像には心がありますの。さらに山奥の海蔵寺《かいぞうじ》を目指します。

海蔵寺着。ここには花が咲き乱れ、まるで花の楽園のようです。海蔵寺は１３９４年上杉氏定《うじさだ》が臨済宗の寺として再建したものです。

海蔵寺から源氏山まで樹木が生い茂る険しい坂道が続きます。化粧坂《けわいざか》は新田義貞の鎌倉攻めの際に激戦地となった場所です。源氏山公園に続く道で、岩がむき出し、曲がりくねった坂道となっています。四季の自然が美しい場所として知られています。


12時43分 坂を登りきって頂上の源氏山公園に到着。

ここは源氏が白旗を立て勝利を祈願した山です。桜満開の公園は多くの人々で賑わっています。皆、お弁当を広げ、お酒を飲み、楽しそうですね。

おや、4人のおじさんたちが赤い顔をして木のテーブルでウイスキーを飲んでいます。きっと最高でしょうね。あたしも今日ウイスキーのポケットボトルを持っているんですけど、山を下りることを考えると飲むのはやめとこうかな。そんな平和な現代の民を頼朝公が柔和なお顔で見渡して守っています。我が夫ながら、見とれてしまいます。

12時54分 銭洗弁財天《ぜにあらいべんざいてん》 宇賀福神社着。
ここは、頼朝公の夢枕に「この地に湧き出す霊水で神仏を供養せよ。そうすれば天下太平の世になる」というお告げがあり、宇賀福神を祀ったという伝説が創建の由来とされています。確かそのとき、頼朝公はうなされていたような気がします。

　さて、真っ暗な洞窟を潜って本殿へ向かいます。人、人、人でとても混んでいます。そして、銭洗い場へ。霊水でお金を洗うと金運がアップするそうですのよ。

まあ！　３万円も洗っているお方がいます。お金持ち！　あたしは１００円。洗った後、お賽銭で渡してしまいました。金持ち！


　さらに先へ進みましょう。

佐助稲荷《さすけいなり》神社入り口に着きました。ここから長い長い坂を登ります。そして本殿へ。何か神々しいですね。綺麗な朱塗りの鳥居が並びます。ここは、頼朝公が伊豆の蛭ヶ小島に流されていた頃、稲荷神が翁の姿で夢枕に立ち、挙兵をすすめたといいます。そうして平家を討伐し、鎌倉幕府を興した頼朝（幼名佐殿《すけどの》）を助けたということから「佐助」稲荷の名がついたと一説には伝えられていますの。ちょうど殿があたしと知り合った頃かしら。お懐かしゅうございます。


　さて、長谷トンネルを抜けて大仏さまに会いに行きます。

13時25分の今、ほとんど飲まず食わずでございます。お腹が減りました。でも楽し。

13時44分 高徳院に着きました。大仏さまがいらっしゃいました。なんと美男で端正なお顔立ちなのでしょう。まさにあたし好みです。

それでは次に、大仏さまをご紹介します。

高徳院の本尊である大仏は、鎌倉幕府第三代執権・北条泰時が晩年になってから造られました。ちなみに泰時はあたしの甥にあたります。浄光という僧が諸国を勧進して浄財を集めて歩き、暦仁元（1238）年3月から大仏と大仏殿を造り始めました。そして大仏開眼は5年後の寛元元（1243）年6月に行われました。泰時は前年の6月に62歳で亡くなってしまいました。このとき、建立した大仏は木造でした。

そしてその4年後の宝治元（1247）年にこの大仏が暴風雨によって倒壊したため、建長4（1252）年に改めて金剛の大仏が造営され始めました。

大仏殿は建武2（1335）年と志安2（1369）年の台風で倒壊。さらに明応4（1495）年の大津波で押し流され、以来、現在のような露座の大仏となってしまったのです。本尊の大仏は阿弥陀如来。阿弥陀如来の高さは12・38メートル、総重量は121トンです。鎌倉の仏像の中で唯一の国宝です。大仏さまはどこから見ても美しいですね！

14時05分
桜で有名な甘縄神明《あまなわしんめい》神社着。ここは、天照大神を祀る鎌倉で最も古い神社です。頼朝公のご先祖源頼義殿がここで祈願して八幡太郎義家殿を授かったといわれています。頼朝公とあたしも参拝した源氏ゆかりの神社です。

この辺で昼食をいただきましたの。生き返りましたよ。

そして長谷寺です。折乃笠さん、解説をお願いしますよ。

「寺伝によると、養老５（７２１）年に、大和（奈良県桜井市）の長谷寺の開基である徳道が2体の十一面観音を造りました。１体は大和の長谷寺の本尊とし、もう1体は祈請の上で海に流しました。十一面観音は15年後に相模国の三浦半島に流れ着き、そちらを鎌倉に安置して開いたのが、鎌倉の長谷寺であるとされています」

御霊神社。なかなか神社らしい建物であります。

なんと、神社の入り口が江ノ電の踏み切りになっています。鉄ちゃんらしい写真が撮れましたよ。

この辺りは、のんびりした鎌倉らしい住宅街です。海も近いし、最高ですね。

15時25分 極楽寺《ごくらくじ》着。

こちらは弱き者を救った慈善の寺ですの。正嘉３（１２５９）年創建の鎌倉で唯一の真言律宗寺院です。開山は北条重時（あたしの甥）。かつては七堂伽藍に多くの塔頭を有した大寺院でありましたが、度重なる災害により消失してしまいました。

長い階段を上ります。

成就院《じょうじゅいん》です。ここは、弘法大師が護摩供を行った地に1219年に北条泰時が建立しました。泰時もあたしの甥ですの。南国風の境内が海の近さを教えてくれます。

15時47分 由比ヶ浜着。

いつの時代も海はいい。弥生ちゃんの時代、聖武天皇の時代。そして鎌倉時代。現代。ウインドサーフィン、サーフィン、ジョギング、お父さんが三味線を弾き歌っていて、子どもたち3人が周りで遊んでいます。なんて幸せな風景か。いつの時代も幸福を願います。

16時05分

江ノ電長谷駅にゴールしました。7時間30分、25キロ歩きました。まったく疲れていませんよ。

今日、あたしは鎌倉のいろいろな場所を回り、昔を思い出しました。

頼朝公の歴史的功績、北条家が鎌倉時代をつくっていたこと、そしてあたし政子の存在感の大きさなどが改めてわかりました。夫頼朝公、4人の子どもたち、そして北条一族は、あたしにとってかけがえのない家族です。あたしは北条家を守るために子どもたちを暗殺などしていません。あたしの一番大切なものは家族だったのですから。

現代の皆さま、どうか家族を大切にしてください。ワークライフバランスが一番大切なことですよ。

あたし、８００年前の鎌倉時代に帰る前に一カ所寄りたい場所があります。

ひとまず、北条政子のレポートはここで終わります。それでは、皆さま、お幸せに。これからの日本を頼みますよ。歴史はロマンですね。

◇ご当地グルメ情報

【お昼の部】

14時16分 長谷寺近くのお洒落なお蕎麦屋さんへ。

腹減り過ぎ。お客さまは8割がた外国人。

かまくら丼を頼む。かまくら丼、これはうまい。えび、竹の子、たまねぎ、しいたけ、卵ほか。

あ～あ。うまかった。幸せ～。

【おやつの部】

18時20分

東京に戻り、目黒川沿いの桜を観ながら鎌倉で買ったコロッケとエキストラシャープなドライビール。超美味～。コロッケ最高、エキストラシャープ最高！　幸せ～（この後、家内、娘と待ち合わせ、お食事）。

◇まとめ

①日本・日本人の素晴らしさ

日本の伝統的文化の主要要素として、「無」「さび」「静けさ」「時間をゆっくりととらえる」「仏像とゆっくり向き合う」があると思った。古都鎌倉をゆっくり歩いていると、感性が揺さぶられる。

鎌倉時代、多くの高僧がいた。

法然（浄土宗）、親鸞（浄土真宗）、時宗（遊行宗）、日蓮（日蓮宗）、栄西（臨済宗）、道元（曹洞宗）。鎌倉仏教によって、念仏、題目、座禅が庶民にも受容できるようになった。その舞台の多くが鎌倉の寺院であり、向き合うものが仏像である。

私は今、五木寛之の小説『親鸞』六部構成の最終を読んでいる。まさしく、日本人がいかに仏教を生活の一部として、とらえてきたかがわかる。縋《すが》るのではなく、前向きにとらえようとしている。日本文化は素晴らしい。日本人は素晴らしい。

もう一つ、鎌倉時代、昭和時代の女性には綺麗な人が多かった。もとい、現在も綺麗な人が多いです。

②歴史から我々現代人の問題点及び解決策を考える

歴史を学ぶということは、先人の失敗を繰り返さないようにすること、それを教訓にすることである。日本人にとって大切なことは、しっかりと歴史観を持つこと。

私は、鎌倉時代は源氏だけでつくられていたと思っていた。源氏滅亡後、政子をはじめとする北条家が実権を握って政治をしていたとは、あまり認識がなかったのだ。

また、征夷大将軍が天皇家から出ていたことは驚きである（護良親王・後醍醐天皇の皇子）。日本人はもっと歴史を勉強し、日本のことを知るべきである。

グローバル化が進めば進むほど、自国の歴史を知ることが必要になってくると思う。

幕府の体制が軌道にのった頃、鎌倉幕府の基礎を築いた政子は病気により68歳で亡くなります。鎌倉幕府は、それから１００年以上、１３３３年まで続きます。

幕府などによる武家政権は王政復古の大号令・江戸開城まで足かけ約６８０年間にわたり存続することとなります。

北条政子の政治的功績は日本の歴史上非常に大きいことがわかりましたが、母親としての政子は決して幸せには見えず、哀れで、可哀想に思えてなりませんでした。

【おまけ】中目黒のお花見（北条政子）

17時40分 中目黒着。

目黒川のお花見。たいへん綺麗。鎌倉の桜もよいが目黒の桜も綺麗。お花見しながらの鎌倉コロッケとビールは最高でした。日本人に生まれて良かった。

それでは、現代の皆さん、ご機嫌よう、さようなら！

（4）江戸時代　箱根　水戸黄門の旅

◆東海道五十三次小田原～箱根、江戸時代の文化に迫る〈江戸時代〉

◇今回の旅の目的

東海道五十三次、江戸時代の陸の大動脈。小田原〜箱根・天下の嶮と言われる箱根の山を当時の様子を偲びながら歩き、江戸文化について水戸黄門が迫る。

◇今回のルート

〈往路〉大月駅↓（中央本線）↓八王子駅↓（横浜線）↓町田駅↓（小田急電鉄線）↓小田原駅

以下は徒歩で。小田原駅↓（徒歩の旅）↓箱根関所21キロ

〈復路〉箱根関所↓（バス）↓小田原駅↓（小田急電鉄線）↓町田駅↓（横浜線）↓八王子駅↓（中央本線）↓大月駅

◇レポーター紹介（イントロダクション）

「ひかえ。ひかえおろう。こちらにおわすお方をどなたと心得る。恐れ多くも先の副将軍・中納言・水戸光圀候にあらせられるぞ。ええい〜、頭《ず》が高い。ひかえ。ひかえおろう」

♪ダン、ダダダダン、ダン、ダン、ダダダダン、ダン、ダン♪

どこからともなく、誰もが知っている時代劇のあの主題歌が流れてきた。

◇レポーター自己紹介（徳川光圀＝水戸黄門）

皆さん、私は徳川光圀、別名水戸黄門です。

自分で言うのもお恥ずかしいのですが、同時代の伝記史料において名君として評されています。庶民の間でも知名度は高く、亡くなったときには「天が下 二つの宝 つきはてぬ佐渡の金山 水戸の黄門」という狂歌が流行りました。誠にありがたいことです。

私は、寛永5（1628）年6月、水戸徳川家当主・徳川頼房の三男として水戸城下柵町（茨城県水戸市宮町）の家臣・三木之次（仁兵衛）屋敷で生まれました。生まれたときのことは覚えていませんが、母は谷重則（佐野信吉家臣、のち鳥居忠政家臣）の娘である久子。父・頼房は三木夫妻に対して久子の堕胎を命じたが、三木夫妻は主命に背いてひそかに出産させたといいます。久子が光圀を懐妊した際に、父の頼房はまだ正室を持ってはいなかったのです。いつの時代もわけありですね。はっはっはっ！

我が水戸藩は徳川御三家の一つであり、ご意見番の位置付けでした。徳川家最後の将軍・徳川慶喜を出しています。私の祖父が徳川家康公になります。

なぜに、私が「水戸黄門」と呼ばれているか、ですって？

はっはっはっ！　まっ、聞いてくだされ。

当時の身分制社会では、現在に残る風習以上に、諱《いみな》は本人・直系尊属・本人が仕える君主のみが、プライベートないし畏まった特別の場面でのみ呼称できるものであり、目下の者が目上の者あるいは上位家系・上位職にある者などに対して諱を直言することを禁忌とし、呼称の際には、被呼称者が俗人の場合には官位・職制・居住地などを姓あるいは字と併用、出家の場合には法名を用いたり、呼称者と被呼称者の格差が大きい場合には姓すらも直言をタブー視する風習が厳然と存在していました。

このため、水戸黄門の名は、光圀が徳川御三家の一統である水戸藩の藩主であり、武家官位として権中納言を名乗っていたことから、「徳川光圀」と直言することを避けるために、藩名である「水戸」と、中納言の唐名である「黄門」をとって広く用いられていた別称であります。

おわかりかな。ちょっと、特許申請文のように一文が長過ぎましたかな。まっいっか。はっはっはっ！

◇小田原～箱根　徒歩の旅レポート（水戸黄門）

7時28分 小田原駅着。

格さんも聞きなさい、助さんも聞きなさい。

江戸時代から380年のタイムスリップをして、現代にやって来ました。今日この日、私の祖父徳川家康公がつくられた東海道を小田原から箱根関所まで歩く。「箱根の山は天下の嶮」と言われるほど厳しい道となる。心して歩くことにしよう。はっはっはっ！　栄養ドリンクを飲む。ファイト一発〜！

今週は月曜日、報告用資料作りで徹夜したため、疲れ気味でのう。

小田原は、いつ来てもさっぱりしているなあ。

おっ、駅前に北条早雲公がおられる。馬に乗られてご立派でございまする。やはり小田原の象徴でありますなあ。

7時45分 小田原駅を出発
まず箱根湯本を目指します。青橋から小田原城を望みます。ここはいつ観てもきれいなお城ですねえ。

もし北条家が天下を取っていたなら、この日本はどうなっていたか。否、それでは、人気テレビドラマ「水戸黄門」は存在しなかったかな。はっはっはっ！

ここで、小田原宿を紹介しましょ。助さんお願いします。

助さん はっ、ご隠居。小田原宿は、東海道五十三次の9番目の宿場。今の神奈川県小田原市にありました。江戸を出て最初の城下町にある宿場です。

箱根湯本まで国道1号線を歩きます。小田原の街はきれいで、さわやかであります。歩いていると清々しい気持ちになりますね。

おや、蚊取り線香や眼鏡のおじさんのホーロー看板、懐かしくありませんか？　昭和40年代頃かな。何か、あったかい感じがしますね。八兵衛がグループサウンズやっていたのは、その頃かな？

八兵衛　はい、ご隠居。一応名前はスリーファンキーズでさあ。

小田原用水、別名早川上水取入口。小田原の民の水を確保するためのもの。北条氏が建設、ご立派。

しばらく、江戸時代を偲びながら歩くことにしましょ。

ここで、東海道五十三次を皆さまに紹介いたしましょう。

東海道五十三次は、江戸時代に整備された五街道の一つ、江戸日本橋から京都三条までの53の宿場を指します。古来、道中には風光明媚な場所や有名な名所旧跡が多く、歌川広重の版画は有名です。また、産業の発展にも大きく貢献しました。なお五十三次と称す場合は京都までの場合であり、さらに大阪までを加えて東海道五十七次となります。

さすが、おじいさまの家康公は先見の明がありましたな。

8時43分 箱根町に入りました。

箱根の山殿、頼むから噴火しないでくださいね。

この辺から、緩い登り坂が続きます。

箱根湯本に到着です。早川の向こうに箱根湯本駅が見えます。よい風景ですね。ホームには、新宿行きのロマンスカーEXEがいます。かっこええのう～。駅舎が立派。さすが、小田急グループ。

駅前の商店街も立派。とても賑やかです。

箱根登山鉄道、すごいですね。あんな急な登り坂を登っていきます。さすが登山鉄道というだけあります。

早川にあじさい橋。風情があってたいへんよろし。橋を渡ると古い温泉宿街に入ります。開湯は奈良時代だそうですぞ。聖徳太子殿の頃ですね。妙に落ち着きます。江戸時代の旅人は、このようなところで体を休めたのです。平和、平和。

9時00分 早雲寺《そううんじ》着。

静寂なお寺。凛とした緊張感がありますね。

早雲寺は大永元（1521）年、北条早雲殿の遺言で2代氏綱殿が創建。北条氏5代の墓や史蹟公園として北条幻庵とされる枯山水があります。鐘楼、元徳2（1330）年6月5日鋳造の銘が残っています。

豊臣秀吉殿が小田原城を攻めた際、石垣山の一夜城に運んで陣鐘として使用したと言われます。亡き早雲殿はさぞ悔しかったでしょうね。

八兵衛、供養にお線香を買ってきておくれ。

八兵衛　へい、ご隠居。ついでにお饅頭も買ってきましたぜい。

早雲寺の前に温泉宿がありました。なんて風情のある宿でしょう。寄って行きたや、忙しや。送迎用のバスも粋です。どこ製か、車軸シャフトのメーカーマークを見ていたら運転手さんがニコニコしながら乗っていってもうた。優しそうな人でした。このバスの車軸は、折乃笠部長配下の設計でした。

弥栄橋を通過。

温泉街へと続く下り坂、湯坂にかかる橋です。弥坂の「坂」の字を縁起の良い「栄」に代え、「やさかばし」としたが、時を経て「やえい」に読まれるようになったといわれています。なるほど、粋な江戸文化を感じます。ここから須雲川沿いの旧東海道を歩きます。

10時８分 片倉橋。

参勤交代の大名行列のレリーフが面白いですな。せっかくなので、ここで江戸時代の参勤交代について格さん、説明をお願いします。

格さん　はっ、ご隠居。この制度では諸大名は1年おきに江戸と自領を行き来しなければならず、江戸を離れる場合でも正室と世継ぎは江戸に常住しなければならなかったのです。太平の世にある江戸時代に、将軍と大名との主従関係を示すための軍事儀礼でありました。この制度は、260年余りにも及ぶ長期政権・江戸時代を築く礎にもなったのでした。拙者は参勤交代に参加したことはございません。

いやあ。登り坂がきつくなってきましたな。うっかり八兵衛や、大丈夫かな?

八兵衛　ご隠居、大丈夫で～。ここは観音坂というらしいですぜえ。

内心泣きそう～。きつい坂、ハア、ハア。

おや? 何やらど派手な建物。中での写真撮影禁止なので外から盗写。箱根大天狗山神社別院天聖院。新宗教の宗教法人であるらしい。

弥七　忍んで来やした。

神々の降臨を受けたため、七面山、出羽三山、鞍馬山、高尾山、加波山など日本各地の山岳にて修行を行い、神仏金剛宗の箱根大天狗山神社を創建したらしい。信者は、神奈川県を中心に東京都や静岡県などに多く、現在1万人程度といわれているらしいですぜ。

ここで、県道732号線を離れ、須雲川《すくもがわ》自然探勝歩道（旧東海道）を行きましょう。人っ子一人いませんね。

盗っ人が出てきそうであります。そのときは助さん、格さん頼みますぞ。

助さん・格さん　イエス・サー！　もとい、御意。

でも、緑がきれいで心地よい。

助さん、あの建物は何でしょう？

助さん　東京電力株式会社畑宿発電所です。

こんな小さな発電所が、こんな山奥にあるなんて。やっぱり歩いてみないとわからないことがいっぱいありますね。

裏へ回ると発電用の水を加速する長いパイプがありました。立派ですね。

先ほどの神社の裏に出ました。高い壁で中が見えないようになっています。

急な坂が石畳になっています。さすが、徳川家。旅人に親切ですね。県道732号線に出る。きつい登り坂、自転車と勝負。自転車も相当きつそう。

11時20分 畑宿着。

皆さん、本陣跡で休憩しましょ。汗がすごいですね。

これより七曲《ななまが》り。江戸時代から東海道一の難所として知られる道。ここが箱根の嶮であります。元歌手の八兵衛歌ってください。

『箱根の山は、天下の嶮《けん》
函谷關《かんこくかん》も物ならず
万丈《ばんじょう》の山、千仞《せんじん》の谷
前に聳《そび》え、後方《しりへ》に支う
雲は山を巡り、霧は谷を閉ざす』♪

七曲りをつなぐ歩行者用の階段が続く。楽な車道を選ぶこともできるがあえてつらい階段を選ぶ。人生には楽しいことも苦しいこともあると、あの時代劇の主題歌でも言っているであろう?

八兵衛　ご隠居、勘弁してくだせ〜!

12時01分
足が棒のようになってきましたね。橿木坂《かしのきざか》階段195段が待っていました。
看板がありました。
「東海道名所日記には険しいこと道中一番の難所なり。おとこ、かくぞよみける

『橿の木のさかをこゆればくるしくてどんぐりほどの涙こぼれる』」

１９５段登りきった。私も泣いています、ベッドの上で。

12時22分 猿滑坂。

石畳、かえって滑って歩きづらい。猿も滑るほどの急な坂が名前の由来だそうです。今でも付近には猿が出没するそうです。

12時40分 追込坂。

痛！　痛い‼　右のふくらはぎに激痛が走りました。やばい。いったん座り込む。揉んでみる。

助さん　ご隠居、大丈夫ですか？

格さん　おぶって行きましょう。

３分待ちましょ。それからまた歩いてみっか。痛みはあるが、なんとか歩けそうです。

12時47分 甘酒茶屋に到着。

まずは休みましょう。八兵衛、甘酒を頼んでください。

ここは東海道の難所、箱根山の中腹にある４００年の伝統を持つ茶店。畑宿と箱根宿の中間付近で、江戸時代は箱根の関所を前にした休憩所として親しまれていました。忠臣蔵の芝居の「神崎与五郎詫証文」の舞台となる茶店であり、旅行経験のない江戸市民にも高い知名度を誇っていました。

建物自体は、地震や火災による被害を受け、そのつど立て直しが行われているそうです。現在の建物は２００９年に改装したもので、茅葺き屋根や土間など昔の雰囲気を残しつつ、囲炉裏や座敷などを増設する改修が行われたものです。

おいしい甘酒をいただいて、足の痛みもいつの間にか消えていました。

薄紫の藤の花がとても綺麗ですね。よし、元気が出たところで出発しましょ。

13時05分出発。

さっそく、「イノシシが出没しますので注意」の立て看板あり。と言われても、猪が出たらどうやって注意するのでしょう。無責任。

風車の弥七　ご安心ください。ご隠居。出たらおいらにお任せを。猪鍋をご馳走いたしますぜ。

まだまだ続く旧街道。

相変わらず登りがきつい。石畳がうまく造られています。江戸時代になると、もうかなり土木工学が進んでいたようです。30分間石畳を歩く。滑りそうで相当体力を使いました。

13時45分 興福院《こうふくいん》着。

かつては箱根神社の別当寺、金剛王院東福寺の子院として室町時代に創建された寺院です。藤の花と本堂がよく似合っていますね。誰もいない静かな寺院です。

13時55分 芦ノ湖・元箱根地区に到着。

遊覧船や足漕ぎボートがあります。天気が曇りのせいか、なんとなく暗い雰囲気。箱根山の煙は見えません。湖畔の食堂で遅い昼食を。生き返りました。格さん、箱根宿の説明をしてください。

格さん　はっ、ご隠居。箱根宿は東海道五十三次の10番目の宿場です。元和４（１６１８）年に箱根山にかかる箱根峠と箱根関所の間の狭い地域に設置されました。標高７２５メートルという五十三次の中で最も高い場所に置かれたため、幕府も宿場の維持に苦心しました。

少し、湖畔を歩いてみましょう。

大きな鳥居と賽《さい》の河原がありました。箱根神社の鳥居がある一角に忘れられたように佇んでいるのが賽の河原。この辺りは、地蔵信仰の霊地だったそうで、江戸時代には、東海道を行き交う人々の信仰を集めていた場所なのだそうです。当時は、湖畔一帯に石仏などが立ち並んでいたそうですが、明治の廃仏毀釈やその後の観光開発によって失われ、今はわずかにこの場所にだけ残っているそうです。賽の河原といわれますが、ここには何か異様な雰囲気、霊気が漂います。

富士山と芦ノ湖の遊覧船と緑の木々、なかなかよい構図ですね。

14時32分

旧街道杉並木、迫力満点。

元和4（1618）年に松平正綱が植林した杉400本が残り、道中に通行手形のない旅人が関所を前に捕らえられ苦しんだという「爪がきの杉」があります。

14時50分

いよいよ最終地点、箱根関所に到着。

今ではすっかり観光地化されていますが、江戸時代のここは庶民にとって、たいへんな場所だったのです。それでは、博学な助さん、説明してください。

助さん　御意。少し長くなりますがご勘弁を。

箱根路には律令期には既に関所が設置されており、関東防衛の役割を担っていました。室町幕府の鎌倉府も箱根に関所を設置して関銭の徴収を行ったことが知られています。江戸幕府は須雲川沿いに新道（「箱根八里」）を設置し、東海道の本道として整備して、箱根神社のそばに関所を設置しましたが、地元（元箱根）住民との対立を引き起こしたため箱根峠寄りに「箱根宿」を新たに設置して、元箱根側の芦ノ湖畔に箱根関所を設置したのです。箱根関所は一時期を除いては原則的には小田原藩が実際の管理運営を行っていました。

通行時間は明け六つから暮れ六つまでと規定され、夜間通行は原則禁止されました。これにより、「入鉄炮に出女」に象徴される厳重な監視体制が取られました。

箱根関所には常備付の武具が規定されていました。しかし、そのほとんどが旅人を脅すためのもので、火縄銃には火薬が詰められておらず、弓があっても矢がなかったなどのことがわかっています。建造物は柵で囲まれていました。また、関所裏の屏風山には「遠見番所」、芦ノ湖南岸には「外屋番所」が設置され、周囲の山林は要害山・御用林の指定を受け、関所破り（関所抜け）を行おうとした者は厳罰に処せられたのです。

江戸幕府のこの徹底ぶりはすごいですね。

この徹底・厳密さが現代日本の警察機構の基になっているのだと思います。

やはり武士の世界、ダメなものはダメ。問答無用。ただし庶民を威圧するようなことは良くありません。武力のみは良くない。女性いじめも良くないと思います。

15時20分 箱根関所を漫遊し、関所バス停に到着しました。

本日のゴール！　7時間35分、21キロ。さすがに疲れました。

東海道五十三次小田原～箱根の天下の嶮はすごかったです。小田原からはずっと登り坂、勾配はきつく、石畳は苔で滑りやすく、歩きづらい。江戸の庶民は、ここをわらじで歩いていたのです。

そして、ここからさらに4里（16キロ）先の三島宿までたった1日で歩いていたのです。

一同　ご隠居、誠にお疲れさまでございました。

15時46分 小田原行きのバスに乗車。

バスの中から外を見ながら考えています。

今回、私は現代に来て思った。江戸時代の移動手段は自分の足。馬はあるが一般的には庶民には自分の足しかない。人が歩く速度は4キロ／1時間。バスや電車は40キロ／1時間で10倍。その分、現代の人々は江戸の人々の10倍時間を有効に使える。10倍満足しているのか、10倍幸福なのか？　私はこの議論をしなければ江戸時代に帰れない。

小田原から小田急、横浜線、中央本線で大月に向かう。

19時20分 大月駅着。

格さんや、助さんや、今日は駅前のビジネスホテルに泊まることにしよう。これから折乃笠さんと先ほどの議論をしましょう。

格さん・助さん　御意。

◇ご当地グルメ情報

【おやつの部Ⅰ】

12時47分、甘酒茶屋にて。甘酒に漬物とお茶が付く。甘酒うまい！　あまり甘くなくて、コクがある。こんなおいしい甘酒は飲んだことがない。

【昼食の部】

13時55分、芦ノ湖湖畔の食堂にて。にじますそばとライス。にじますそばの汁、超美味！にじますと大根おろしと醤油が絶妙。ライスと漬物もおいしい。幸せ〜。

【おやつの部Ⅱ】

15時30分、箱根関所にて。まずはビールを。乾杯～。超うまい！ 燻製卵と栗入りどら焼きはお土産にしました。

◇まとめ（水戸黄門&折乃笠公徳　大月のビジネスホテルにて）

一、日本と日本人の素晴らしさ

水戸黄門　私、日本全国を旅してきました。日本人は素晴らしい。今回の箱根の天下の嶮の旅はきつかったが、江戸時代の庶民の努力と根性を知ることができました。

折乃笠　幕府が関所という問答無用のシステムをつくりだしたことはすごいと思います。そして、広い街道もつくった。

水戸黄門　江戸幕府は既に経済効果は十分にあることを考えていました。5街道の建設費は、数年でペイできると計算していたのです。

折乃笠　江戸時代の政治、文化、技術は、鎖国していたにもかかわらず、当時、世界最高水準にあったのではないでしょうか。

水戸黄門　その通りです。もし、その後ずっと江戸時代が続いていたならば、イギリスのような産業革命が起きていたかもしれませんね。

二、歴史から我々現代人の問題点及び解決策を考える

折乃笠　歴史を学ぶということは、先人の失敗を繰り返さないようにすること、それを教訓にすることであると私は思っています。

水戸黄門　日本人にとって大切なことは、しっかり歴史観を持つことだと思います。

折乃笠　江戸時代、庶民の一般的な交通手段は、自分の足でした。特殊な場合は、馬を使ったり、殿さまはかごを使う。東京~京都間12日。1日40キロ歩くという。今の時代は、それが「のぞみ」で2時間10分。

一人あたり12日かかっていたのが2時間10分で移動でき、別の仕事ができるとすると、その経済効果は膨大なものとなります。

一方、人の価値観はどうでしょう。京都は12日遠い、という価値観が生まれる。箱根の山を越えるという充実感が生まれます。

水戸黄門　同感ですね。また、12日間歩き続けるということにより、その人の感性、健康、そして、人間性もがアップすると思われます。

折乃笠　人間にとって長距離を速く移動することが本当に必要なことなのか？　日本のどの時代が一番幸せなのか？　今後、それをしっかりと考えたいと思います。

水戸黄門　楽しみにしています。そのときは、一つの尺度で考えるのではなく、複数のいろいろな尺度から考える必要があると思います。

折乃笠　はい。

水戸黄門　その答えとして、全ての時代がその時々で、それぞれに幸せであった、となることを希望しています。

◇懺悔、反省（折乃笠公徳）

今回の計画は、さらに箱根〜三島まで歩くものであった。

目的は、箱根八里を歩いて、江戸時代の人々のたいへんさを自ら経験することだった。途中の観光地で時間を大幅に使ってしまい、また思っていた以上に登り坂がきつく長く、多くの時間を費やしてしまった。

箱根関所着は予定より2時間30分以上遅れ、体力も大幅に消耗。このまま続行すると、疲れているので三島着は20時、暗くなってしまい危険である。足のふくらはぎの痛みもある。以上の理由により、箱根関所止まりとした。

今日の徒歩の旅は満足感、達成感がない。目的を達成していない。暗くなっても国道を歩こうと思えば歩けただろう。疲れていても気合でなんとかなる。足はさらに痛くなってから考えればよいでしょ。なぜ、チャレンジしなかったのか？　そう、悶々とする自分がいる。

黄門さま、どう思いですか？

最後のコメント（水戸黄門）

♪ダン、ダダダダン、ダン、ダン、ダン、ダダダダダン、ダン、ダン♪

それもいいではないか。臨機応変も大事。次のとき、また頑張りなさい。

それでは、大月のビジネスホテルに1泊したし、おいしい朝食もいただいたし、江戸時代の水戸に帰ろうか。格さん、助さん、弥七、八兵衛、出発じゃ。

品川から上野東京ラインを通る特急ときわで帰ろかな。私・水戸黄門のレポートはここで終わります。

それでは、皆さん、お幸せに。そしてご安全に！　これからの日本を頼みましたぞ。

歴史はロマンです。

(5) 明治時代　横浜　赤い靴をはいていた女の子の旅

◆横浜開港時代と現在について〈明治時代〉

◇今回の旅の目的

横浜開港時代と現代について「赤い靴を履いていた女の子」の目から探る

◇今回のルート

〈往路〉大月駅↓（中央本線）↓八王子駅↓（横浜線）↓菊名駅↓（東急東横線）↓横浜駅↓（みなとみらい線）↓みなとみらい駅

以下は徒歩で。みなとみらい駅↓（徒歩の旅）↓関内駅17キロ

〈復路〉関内駅↓（根岸線）↓横浜駅↓（京浜東北線）↓東神奈川駅↓（横浜線）↓八王子駅↓（中央本線）↓大月駅

◇レポーター〝きみちゃん〟紹介

♪赤い靴 はいてた 女の子
異人さんに つれられて 行っちゃった
♪横浜の 埠頭《はとば》から 汽船《ふね》に乗って
異人さんに つれられて 行っちゃった
♪今では 青い目に なっちゃって
異人さんの お国に いるんだろう

♪赤い靴 見るたび 考える
異人さんに 逢《あ》うたび 考える

なんと謎めいた童謡だろうか。

佐野きみ（明治35年7月15日生）が、この「赤い靴はいてた女の子」のモデルとされる。佐野きみちゃんの真相は、本レポートの最後に。「赤い靴はいてた女の子像」は、１９７９年、横浜山下公園に造られた。これは純粋に野口雨情の詩「赤い靴」のイメージをモチーフにしたもので、赤い靴を愛する市民の会（後に赤い靴記念文化事業団と改称）から寄贈されている。

◇横浜 徒歩の旅レポート（赤い靴はいてた女の子〝きみちゃん〟&折乃笠公徳）

７時50分

折乃笠　きみちゃん、ここがみなとみらい駅だよ。
きみちゃん　わあ〜。すごい〜。
折乃笠　ここは、日本の中でも最も近未来的都市なんだよ。
きみちゃん　今日はおじちゃんがあたいを横浜案内してくれるの？
折乃笠　そうだよ。きみちゃんの生まれた明治時代と比較しながら歩こうね。

きみちゃん　………。
折乃笠　………。今日はおじさんも赤い靴だよ。
きみちゃん　赤い靴履いていた男のおじちゃんだね。

7時58分
折乃笠　それでは横浜の徒歩の旅をスタートしま～す。ここはグランモール公園だよ。
きみちゃん　お花と近代的なビルディングがお似合いね。今の横浜ってほんと素敵！
折乃笠　ここがパシフィコ横浜だよ。会議センター、国立大ホール、展示ホール、ヨコハマ グランド インターコンチネンタル ホテルなどからなる日本最大級のコンベンションセンターだよ。
きみちゃん　うわあ～、大きい。おじちゃん入ったことあるの？
折乃笠　何回もあるよ。ここで毎年自動車技術会春季大会が開催されているんだよ。おじさんも6年前「パリダカールラリートラックの開発」のお仕事でモータースポーツフォーラムに参加して論文を発表したんだ。
きみちゃん　赤い靴履いていたおじちゃんもなかなかやりますね。

8時15分

折乃笠　ここが臨海パークだよ。
きみちゃん　なんか、ここぞ横浜って感じね。素敵。走っているお兄ちゃんやお姉ちゃんは何？
折乃笠　ジョギングと言って心身が健康になるスポーツをしているんだよ。
きみちゃん　あたいの時代は、皆額に汗して働いていた。スポーツをやる余裕なんてなかった。
折乃笠　海のにおいがするね。いいなあ〜。異国を思い出すでしょ。
きみちゃん　………。
折乃笠　………。きみちゃん、あれがぷかり栈橋だよ。平成3年オープン。日本初の浮体式構造のターミナル。島の満ち引きに合わせ、建物が浮き沈みするんだよ。
きみちゃん　すご〜い。家が船なのね。うわあ〜！　おじちゃ〜ん、あのでっかい輪っかは、何？
折乃笠　よこはまコスモワールドの大観覧車だよ。
きみちゃん　乗ってみた〜い。
折乃笠　あれだけは勘弁して。おじさん強度の高度恐怖症でね。
きみちゃん　わかった。次、行きましょ。

折乃笠　このビルが横浜ランドマークタワーだよ。高さ296メートルもある。

きみちゃん　形がきれい。素敵。

折乃笠　ここで今年の10月、おじさんの会社の世界大会が開催されるんだ。タワーの前に最古の石造りドックがある。ここで商船なんかを造っていたんだね。

きみちゃん　深くて怖～い。

折乃笠　あの白い船が日本丸だよ。

きみちゃん　うわあ～、なんて綺麗な船。

折乃笠　おじさんは自称鉄道評論家で船評論家ではないけど、説明するね。日本丸は、昭和5年1月、兵庫県神戸市の川崎造船所で進水した。日本の航海練習船で大型練習帆船。その美しい姿から、「太平洋の白鳥」や「海の貴婦人」などと呼ばれている。日本丸は約半世紀にわたり活躍し、昭和59年に引退したんだ。

きみちゃん　おじちゃん。歴史を知るって楽しいね。今の自分ともっと比較をしてみたくなってきた。あたいは、明治生まれの明治育ちで、明治のことしか知らないの。おじちゃん、横浜の歴史を教えてください。

折乃笠　よくぞ、聞いてくれました。おじさんは今「歴史評論家」を目指しています。まずは、鎌倉時代～室町時代についてお話ししましょう。

「横浜港域における歴史は、鎌倉幕府の国際玄関港として繁栄していた六浦湊（現在の横浜市金沢区）の存在にまで遡ることができるが、原型は神奈川湊の方にあると考えられている。神奈川湊は、武蔵国橘樹郡神奈川（現在の神奈川県横浜市神奈川区神奈川本町、青木町付近）にあった。神奈川湊は中世から東京湾内海交通の拠点の一つとされ、鎌倉幕府が置かれた13世紀以降、湾内の物流が活発になるとともに神奈川湊も発展していく。記録によれば室町時代の１３９２（明徳３／元中９）年の段階で東京湾の主要積出港の一つとして機能していたことが明らかになっている。

神奈川湊とその湊町は鎌倉時代には鶴岡八幡宮が支配し、室町時代には関東管領・上杉氏の領地となった」

（出典 Wikipedia）

きみちゃん　歴史って面白いね。あたい、もっともっと勉強したかった。

折乃笠　………（ちょっと涙目）。

きみちゃん　おじちゃん、この道、エキゾチックよ。

折乃笠　汽車道《きしゃみち》だよ。臨海鉄道の線路跡を利用して造られた遊歩道なんだ。途中３つの歴史的な橋梁が架かり、路面にはレール跡も残されているんだよ。

きみちゃん　おじちゃん、あれ、あれ見て。レンガ色の建物。素敵。生まれた頃を思い出しま～す。

折乃笠　横浜赤レンガ倉庫だよ。1号館は大正２（１９１３）年、２号館は明治44（１

911）年に建造。ロマネスク風のアーチや美しい赤レンガなど、歴史的な建築遺産として見応えがあるでしょ。

きみちゃん　あたい、こう思う。この素敵な建物を造った明治や大正の人たちは偉いと思う、そしてそれを日本の誇りとして文化遺産として大事に保存している現代の人たちも偉いと思う。

折乃笠　きみちゃんは賢いね。それでは歴史の勉強第2弾。横浜港の戦国時代〜江戸時代。

「戦国時代には後北条氏の家臣である多米氏が支配し、１５９０（天正18）年に徳川家康が江戸に入府するとその支配下に入った。１６０１（慶長６）年、神奈川湊の湊町は神奈川宿として東海道の宿場となり、以後江戸幕府の直轄地とされた。江戸の発展に伴い全国各地からの物資輸送と江戸湾（東京湾）内海交通が活発となり、神奈川湊など湾内の各湊でも廻船業（廻船問屋）を営む者が現れた」

（出典 Wikipedia）

きみちゃん　うわあ〜！　おじちゃ〜ん、あのでっかい建物、何？

折乃笠　でか！　どうやら船みたいだね。よし、大桟橋に行ってみよう！

きみちゃん　このお店、何？

折乃笠　船員さんの飲み屋かな？

きみちゃん　おじちゃん、寄りたいんじゃないの？

折乃笠　う、うん。今日はやめとこ。

9時38分

折乃笠　ここが横浜港大桟橋国際客船ターミナルだ。日本を代表する近代的な国際ターミナルだよ。ウッドデッキが素晴らしいでしょ。

きみちゃん　木のデッキが素敵。ところで左のビルヂングは何？

折乃笠　英国の客船DIAMOND PRINCESSだね。前方に行ってみよう。

きみちゃん　後ろから前まで10分かかったね。

折乃笠　よし、この船をインターネットで調べてみよう。『ダイヤモンド・プリンセスは、イギリスの船舶会社のP&Oが所有・運航している外航クルーズ客船である。日本で建造された中では最大級。総重量11万5875t、全長290メートル』とある。旅客ターミナルでひと休みしよう。涼しいね。

きみちゃん　異人さんがいっぱいいる。

折乃笠　空港と全然、雰囲気が違う。なんだかのんびりしている。異人さんは皆お洒落でリッチそう。ゴージャス！

きみちゃん　あたい、この雰囲気好きでない。もう行こう。

折乃笠　………。よし、次は山下公園に行ってみましょ。

10時03分

折乃笠　きみちゃん、ここが山下公園だよ。

きみちゃん　山下公園って、普通の公園と何が違うの？

折乃笠　山下公園は、関東大震災の復興事業として、横浜市助役だった楢岡徹らが瓦礫などを使って海を埋め立て造成して、１９３０（昭和５）年3月15日に開園したんだよ。横浜市は「日本最初の臨海公園」としているんだよ。

きみちゃん　実はあたい、いつもはここにいるのよ。

折乃笠　………。よし、公園をゆっくり一周してみよう。

きみちゃん　これはなあに？

折乃笠　インド水塔、横浜市指定の歴史的建造物だよ。ここが山下埠頭だよ。左に氷川丸、右にマリンタワーが見えるよ。This is A LITTLE GIRL with RED SHOES.

きみちゃん　………。

折乃笠　お花に囲まれて、たいへんいいお顔をしていますね。

きみちゃん　………。

折乃笠　あの船は日本郵船氷川丸だよ。全長１６３メートルで日本を代表する貨客船で、昭和35年に引退したんだ。きみちゃんはあんな船で異国へ行ったのかな?

きみちゃん　……………。

折乃笠　それではきみちゃんの機嫌直しに歴史の勉強第3弾、江戸時代。

黒船来航と横浜開港

「1853（嘉永6）年、アメリカ合衆国のペリー提督率いる黒船が浦賀沖に来航（黒船来航）。翌1854（嘉永7）年には再度来航し幕府の態度が表明されるまでの間、六浦湊外周の小柴舳沖（武蔵金沢藩、六浦藩＝横浜市金沢区）に2カ月間投錨。厳重な態度の幕府や乙舳海岸に陣を張り物々しい六浦藩とは裏腹に、民間レベルでは漁師の獲った魚や艦隊側のビスケットを差し入れし合うなどいち早くフランクな異文化交流が行われていたと記録されている。

その後、幕府は神奈川湊の対岸にある武蔵国久良岐郡横浜村に応接所を設置してペリー一行を上陸させ協議に臨んだ結果、日米和親条約（神奈川条約）を締結した。その後、1858（安政5）年には神奈川沖小柴に浮かぶポーハタン号上で結ばれた日米修好通商条約（安政五カ国条約）により神奈川の開港が定められた」

（出典　Wikipedia）

きみちゃん　歴史ってやっぱり面白いね。

折乃笠　きみちゃんの機嫌が直ってよかった。
きみちゃん　あたい機嫌が悪かったんじゃないよ。話をしたくなかっただけだよ。
折乃笠　By the way.　あの塔は何でしょう？
きみちゃん　横浜マリンタワーでしょ。
折乃笠　正解。昭和36（１９６１）年に建設されました。おじさんが幼稚園の頃、初めて横浜に住む叔父さん叔母さんにつれて来てもらいました。
きみちゃん　それは今から何年前のこと？
折乃笠　秘密だよ。

10時27分
折乃笠　さて、港が見える丘公園がある山手地区に行ってみよう。ここは横浜が開港した当時の外国人の移住地だったんだよ。
きみちゃん　港を見るためには、丘に登らなくてはいけないのね。
折乃笠　ここは、江戸時代末期、横浜が開港した際にイギリスとフランスの軍隊が駐留していたんだ。その後、太平洋戦争後も、アメリカ軍など進駐軍がこの地を接収した。接収が解除になってから、横浜市が公園用地として手に入れ整備し、昭和37（１９６２）年に風致公園として開園、一般人も立ち入ることができるようになったんだ。

きみちゃん　軍隊がいたっていうのはちょっと変ね。
折乃笠　港の見える丘公園に着いたよ。ここは横浜港とベイブリッジを望む人気スポットなんだ。
きみちゃん　ロマンチックなのね。夜景も綺麗なんだろうな。
折乃笠　それでは公園の中を歩いてみよう。
きみちゃん　なんだか外国にいるみたいだね。
折乃笠　大佛次郎記念館。『鞍馬天狗』や『霧笛』などで知られる文豪。これが横浜市イギリス館。昭和12（１９３７）年にイギリス総領事館公邸として建てられた。

10時55分
折乃笠　横浜外国人墓地着。ここには、多くの著名な外国人が眠っています。
きみちゃん　たとえば？
折乃笠　ペリー艦隊の水兵を埋没したのが始まり。尊王攘夷派による殺害事件の被害者の他、鉄道建設に尽力したモレル氏など、日本の近代化に貢献した外国人やその子孫も眠っています。

それでは山手の街を歩きましょう。

きみちゃん　山手ってほんと素敵。日本じゃないみたい。

折乃笠　ここが山手十番館というカフェだよ。荒井由実（現・松任谷由実）の歌でも有名になったんだ。

きみちゃん　中に入ったことあるの？　いつ？　誰と？

折乃笠　………。次、行ってみよーう。

折乃笠　ここはエリスマン邸。スイス人生糸貿易商の私邸。大正15（1926）年に建造され、緑に映える白亜の壁や玄関右手の煙突など、異人館の特徴が随所に感じられる。

きみちゃん　緑色と白色の配色がほんと綺麗。

折乃笠　………。

折乃笠　ここはベーリック・ホール。山手最大規模の外国人邸宅。イギリス人貿易商で、のちのフィンランド名誉領事を務めたB・R・ベリックの自邸。スパニッシュスタイルの外観はもとより、部屋ごとに異なる壁、繊細な意匠などお見事な邸宅です。

きみちゃん　かっこいい〜。住んでみたいなあ。

折乃笠　………。

折乃笠　ここはフェリス女学院の高校だよ。Wikipediaによると『開国まもない明治初期、日本女子の教育の必要性を痛感した米国改革派教会が婦人伝道師メアリー・エディー・キダーを派遣し創設した学校であり、女子学院と並びキリスト教に基づく日本最古の女子校の一つ。神奈川私立女子御三家の一つに数えられ、横浜山手の歴史的景観地区の一角を占めている。中・高校舎1号館は横浜市の第３回「横浜・人・まち・デザイン賞」（２００４年）〔まちなみ景観部門〕に選定されている』とある。

きみちゃん　あたいもこんな学校で勉強したかったなあ。

折乃笠　………。

折乃笠　ここは山手カトリック教会。日本初のカトリック教会、横浜天主堂を前身とし、関東大震災では崩壊したのち再建された。ゴシック風の外観、美しい聖堂や庭のマリア像など、見どころが多い。

きみちゃん　あたいも少しだけ教会に住んだことがあります。

折乃笠　………。

ここは日本の外交官、内田定槌《うちださだつち》の住宅。気品あふれる佇まいのアメリカン・ヴィクトリアン様式の建物で、国の重要文化財です。

きみちゃん　内田さんには娘さんがいたのかしら。
折乃笠　………。

折乃笠　さて、山手の街並みを一通り見たので、丘を下ろうか。
きみちゃん　山手の街並みを見られたことは、一生の思い出です。
折乃笠　………。それにしても暑いね。熱中症になりそう。石川町駅の方へ下ってみよう。

折乃笠　駅前のコーヒーショップに入ろう。冷たいものをどうぞ。
きみちゃん　おいしそう。これはなあに？
折乃笠　マンゴーフローズンだよ。
きみちゃん　こんなおいしいもの食べたことない！
折乃笠　明治時代の日本にはマンゴーは、なかったのかな。
きみちゃん　そうかもしれないけど、あたいのうちはとっても貧乏だったから、あったとしても、食べられなかったと思う。マンゴーはどこで採れるの？
折乃笠　南方の国だよ。たとえばフィリピン。つい最近フィリピン人技術者派遣学校に行ってきたんだ。礼儀正しくて、キラキラ輝く目をした、頭のいい青年たちに会ってきた。

きみちゃん　みんな志が高くて、明治時代の若者と同じようね。

12時10分

折乃笠　さて、お腹が減ってきたから、中華街に行ってみよう。

きみちゃん　すご～い。中国のお店だらけ。中国に行ったみたい。

折乃笠　それでは、おじちゃんが好きなおかゆの専門店にお連れしましょう。おすすめは貝柱がゆとカニシュウマイ。どうぞ。

きみちゃん　………。

折乃笠　きみちゃん、どうしたの？　泣いているの？

きみちゃん　おじちゃん、ありがとう。

12時45分

折乃笠　さて、お腹もいっぱいになったし、再び山下公園から関内の方へ行ってみよう。

ここは、横浜開港資料館だよ。入ってみよう。

きみちゃん　ここでも、横浜の歴史を学べるの？

折乃笠　学べるよ。それじゃ、大正時代について説明しよう。

「1923（大正12）年、関東大震災により横浜港は壊滅的な被害を受ける。復興事業は市長・有吉忠一の指揮下、神奈川県と横浜市、生糸商などの横浜商人をはじめとする市民らにより国の力も借りて進められた。この事業により生糸検査所、ホテル・ニューグランド、神奈川県庁舎（キングの塔）、横浜税関庁舎（クイーンの塔）や瓦礫を利用して造成した山下公園など現代の横浜を代表する建築、名所が造られた。事業のための巨額の資金はアメリカでドル建て市債を発行して賄ったが、この膨大な負債はその後長く市財政を圧迫した」

（出典　Wikipedia）

13時30分

折乃笠　ここが神奈川県庁本庁舎。キングと呼ばれる中央の塔、褐色のスクラッチタイル張りの外壁など、堂々たる佇まいだ。

きみちゃん　とても立派ね。

折乃笠　ここが横浜税関。イスラム風の優雅な塔が印象的だね。クイーンと呼ばれている。貿易港横浜の税関らしく、ヨーロッパや東方など世界各国の建築意匠を取り入れている。

きみちゃん　ここは女性的な感じね。

折乃笠　ここが横浜市開港記念館。開港50周年記念に着工され、大正6（1917）年に建てられた。ひときわ目立つ時計塔や、外壁に使われた赤レンガと白い花崗岩が印象的。内部のステンドグラスも美しい。塔はジャックと呼ばれている。

きみちゃん　シャープな感じね。

折乃笠　さて、いよいよ横浜の徒歩の旅も終わりに近づいてきました。この馬車道をゆっくり歩いて、関内駅がゴールだよ。

きみちゃん　おじちゃん、今日はとても楽しかったです。本当にありがとう。一生の思い出になりました。

折乃笠　………。横浜開港時、西洋人を乗せた馬車が行き来していたことからこの名前がつきました。

14時25分

折乃笠　ＪＲ関内駅到着。ゴール！　今日は、６時間32分、17キロ歩きました。きみちゃん、最高気温35度の中よく頑張ったね。今日の感想を聞かせてください。

きみちゃん　横浜は開港当時に比べると、地方の小さな港から超近代的な湾岸都市に大きく生まれ変わっていました。その中で、昔の良き時代の建物、文化や風習は、うまく保存されており、まさしく新と旧がうまく融合されている日本的な素晴らしい都市と横浜はなっていました。また、西洋文化や中国文化が嫌みのない形で持続されています。横浜は、歴史的にみて、最も日本・日本人らしい都市ではないでしょうか。明治の人は、きっと今の横浜の姿を喜んで見ているでしょう。

折乃笠　きみちゃん、いや改めて、佐野きみさん、本日はありがとうございました。

きみちゃん　今日のことは、９年間の人生の中で一番楽しいと言ってもいい出来事でした。一生忘れません。それでは、天国に帰ります。

あたいは、日本・日本人が大好きです。歌の中で異国と日本の架け橋になれた自分を誇りに思います。現代の皆さん、ご機嫌よう。これからの日本を頼みます。歴史はロマンです。

◇佐野きみさん紹介

「静岡県清水市有渡郡不二見村（現在の静岡市清水区宮加三）出身の岩崎かよの娘・佐野きみ（１９０２（明治35）年７月15日－１９１１（明治44）年９月15日）がその赤い靴を履いていた少女のモデルとされた。その『定説』は次の通りである。

岩崎かよは未婚の母としてきみを育てていたが、北海道に渡り、鈴木志郎と結婚する。きみが満３歳のとき、鈴木夫妻は、社会主義運動の一環として当時注目されていた北海道の平民農場へ入植する。しかし、開拓生活の厳しさもあり、かよは義父・佐野安吉の仲介により、娘・きみの養育をアメリカ人宣教師のヒュエット夫妻に託すことにした。やがて

ヒュエット夫妻が本国に帰ることになるが、そのときさみは結核に冒されており、アメリカに連れていくことができないため、そのまま東京・麻布の鳥居坂教会の孤児院に預けられてしまう。きみはその後孤児院で母親に会うこともできないまま、９歳で亡くなったという。母親のかよは、きみはヒュエット夫妻と一緒にアメリカに渡ったものと思いこんでいて、きみが東京の孤児院で結核により亡くなったことは知らされないまま、一生を過ごした。

１９０３（明治36）年に社会主義詩人として出発していた野口雨情は、その後、１９０７（明治40）年、札幌市の新聞社に勤めていたときに、同僚の鈴木志郎やその妻のかよと親交を深め、『かよの娘のきみが宣教師に連れられて渡米した』という話をかよから聞かされた。

乳飲み子の長女のぶ（きみにとっては異父妹）を抱えて、鈴木夫妻は開拓生活に挫折していたのだ。実はこの時点では、きみは鳥居坂教会の孤児院にいたのだが、かよはそのことを知らなかった。その後、１９２１（大正10）年に、この話を題材にして『赤い靴』が野口雨情によって作詞され、１９２２（大正11）年に本居長世作曲で童謡になった」

（出典 Wikipedia）

きみちゃんは、自分の両親のこともほとんど知らず、幼くして結核を患い、最後はわずか9歳で一人、孤児院で亡くなっていきました。せめて最後にお母さんの顔を見たかったでしょうね。

おそらく彼女は、一度も横浜には行ったことはなかったのではないでしょうか。

まだ、日本の国全体が貧しかった時代、このような悲しい出来事がいっぱいあったのかもしれません。

(6) 昭和時代　川崎　田中角栄の旅

◆京浜工業地帯　なぜ終戦まもなく奇跡の復興ができたのか〈昭和時代〉

◇今回の旅の目的

なぜ、終戦まもなく日本人は奇跡の復興をし、世界有数の京浜工業地帯をつくり上げることができたのか、田中角栄元総理大臣の目から迫る。

◇今回のルート

〈往路〉大月駅↓（中央本線）↓立川駅↓（南武線）↓川崎駅↓（京浜急行線）↓小島新田駅

以下は徒歩で。小島新田駅↓（徒歩＋鶴見線の旅）↓東神奈川駅 12キロ

〈復路〉東神奈川駅↓（横浜線）↓八王子駅↓（中央本線）↓大月駅

◇レポーター田中角栄元総理大臣紹介

「田中角栄（1918年5月4日～1993年12月16日）は、日本の政治家、建築士。新潟県刈羽郡二田村生まれ。

衆議院議員（16期）、郵政大臣（第12代）、大蔵大臣（第67・68・69代）、通商産業大臣（第33代）、内閣総理大臣（第64・65代）等を歴任した。

自民党最大派閥の田中派（木曜クラブ）を率い、巧みな官僚操縦術をみせる田中は、党人政治家でありながら官僚政治家の特長も併せ持ったたまれな存在だった。大正生まれとして初の内閣総理大臣となり、在任中には日中国交正常化や日中記者交換協定、金大中事件、第一次オイルショックなどの政治課題に対応した。政権争奪時に掲げた日本列島改造論は一世を風靡したが、後にその政策が狂乱物価を招いた。その後の田中金脈問題への批判によって首相を辞職、さらにアメリカの航空機製造大手ロッキード社の全日空への航空機売

り込みに絡んだ贈収賄事件（ロッキード事件）で逮捕収監され自民党を離党した。
首相退任後やロッキード事件による逮捕後も田中派を通じて政界に隠然たる影響力を保ち続けたことから、マスコミからは『（目白の）闇将軍』の異名を取った。また学歴を見ると、高等教育を受けていない学歴を持ちながらにも拘わらず、首相にまで上りつめた当時は『今太閤』とも呼ばれた。さらに次世代のリーダーの一人として総理総裁の座を狙っていた頃は、その膨大かつ明晰な知識と、やるといったら徹底してやり抜く実行力から『コンピュータ付きブルドーザー』と呼ばれていた」

（出典 Wikipedia）

◇レポーター自己紹介（田中角栄元総理大臣）
まあ〜その〜。しょっしゃ、しょっしゃ。わしのことを若衆は知らんかもしれんがのう。わしは学歴がないので、大学には憧れていて、生まれ故郷を四つの大学で囲みたかった。そして、国家予算を使ってそれを実現した。国立新潟大学、国立上越教育大学、国際大学、そして、国立長岡技術科学大学がそれじゃ。長岡技術科学大学ができたときはうれしかったなぁ。長岡といえばわしの越山会の本拠地であるし、わしは土建屋出身で、大学に土木関係の学科ができたからのう。だから本当は、長岡技術科学大学第一期生の入学式には、出席するはずだったんだが、至急の用事ができて、それがかなわなんだ。あれは残念だったのう。実はその入学式には、若かりし頃の折乃笠君も機械系学生としていたのじゃよ。

わしが入学式に出席していたら、折乃笠君の人生も変わっていたかもしれぬな。
さて、わしは、良きにしろ、悪しきにしろ、相当の有名人であった。
以下の名言を聞いてくろ。
「三国峠をダイナマイトでふっ飛ばせば越後に雪は降らない。そしてその土を日本海に運べば佐渡と陸つなぎになる」（初出馬時の演説）
「政治は数であり、数は力、力は金だ」（＝数の論理）
「これからは東京から新潟へ出稼ぎに行く時代が来る」
「俺の目標は、年寄りも孫も一緒に、楽しく暮らせる世の中をつくることなんだ」
「中国国民全員が手ぬぐいを買えば８億本売れる」（日中国交正常化の際の発言）
「よっしゃよっしゃよっしゃ」（ロッキード事件の賄賂を受領した際に述べたとされる発言）
「人間は、やっぱり出来損ないだ。皆、失敗もする。その出来損ないの人間そのままを愛せるかどうかなんだ。政治家を志す人間は、人を愛さなきゃダメだ。東大を出た頭のいい奴は皆、あるべき姿を愛そうとするから、現実の人間を軽蔑してしまう。それが大衆軽視につながる。それではダメなんだ。そこの八百屋のおっちゃん、おばちゃん、その人たちをそのままで愛さなきゃならない。そこにしか政治はないんだ。政治の原点はそこにあるんだ」

◇川崎 徒歩の旅レポート（田中角栄元総理大臣）

7時57分 川崎駅着。

まあ、そのう～。ここはなんて明るくて、活気があるのだろう。躍動感に満ちている。昭和の高度成長期の頃はもっとすごかったな。わしの日本列島改造論によるものだ。京急川崎駅で大師線に乗り換える。大師線も近代化されたのう。

8時25分 小島新田駅着。

まあ、そのう～。日曜日のせいか、とても静かじゃのう。すぐそこにＪＲ東海道貨物線の川崎貨物駅がある。超ロング編成の貨物列車が止まっている。迫力があるのう。わしは土建屋で、隠れ鉄道ファンなのだ。

さて、今日はここ小島新田駅を出発して、京浜工業地帯を歩きながら視察して、東神奈川駅まで行く。わしは、新潟の田舎の生まれで尋常小学校へ歩いて通っていたし、お金ができた頃からゴルフをやっていたので、歩くことはまったく苦にならん。

よっしゃ、よっしゃ。

ところで、今日はわし一人？　娘の真紀子、秘書の早坂茂三、まあ、そのう新珠三千代はいないのけ？

８時32分
まあ、そのう～。出発。
主要幹線道路に入った。大中小の工場が続く。日曜日なので、どこの工場も休みで静か。時々、大型トラックが猛スピードで通り過ぎていく。歩道は、緑の木々に囲まれて別世界のようだ。
ここは夜光１丁目。海はすぐそこで、のんびり釣りをしている人がいた。わしものんびりしたいのう。この辺は、ＪＲ東海道貨物線と工場を神奈川臨海鉄道線が隈なく結んでいる。昭和の流れを感じる。

９時00分
大同特殊鋼と屋形船が妙に似合う。わしも屋形船が大好きで、貸し切って「ナニ」「コレ」(小指立てる）とよく、舟遊びを楽しんだもんだ。

本田宗一郎殿も「ナニ」が好きだったなあ。土光敏夫殿は真面目だった。

煙突から赤赤と火が揺れる。ところでなんで？

「もしもし、わしじゃ。中曽根通産大臣を呼んでくれ」

「もしもし、中曽根です」

「教えてたもんせ。重油や石油を使う化学工業プラントで、煙突の先から火が出ている。

あれは何の火だ？　エネルギーがもったいないじゃないか」

「その通りです。もったいないです。本当は煙突なんかから燃やさないで、どこかで燃料として使うのが一番いいんですが、工場では、使いにくい余剰なガス（もちろん売ることもできません）がどうしても出てしまうんです。それを仕方なく煙突で燃やしてます」

「なんとかしろ」

「無理です」

「それじゃ、夜、屋形船を出して、夜景と火を楽しむツアーを組め」

「はい。それは既にはとバスがやっています」

「まあ、そのう〜。やるなあ」

9時10分
どこまでも工業地帯は続いている。これが復興の証じゃ。ここで、京浜工業地帯の歴史を紹介しよう。大平正芳内閣官房長官、頼むぞ。
「はい、あ〜、う〜。川崎・横浜ともに明治期より埋め立てが開始され、大正から昭和初期にかけて、人工島が造成されました。その後も土地の不足により埋め立てが続けられ、様々な企業が集積し、工業地帯として発展を続けていきました。あ〜、う〜、太平洋戦争で壊滅的な打撃を受け、終戦後の米軍による接収もあり工業活動が停滞しましたが、あ〜、う〜。1950年に朝鮮戦争が起こると、停滞していた工業活動が活発化、港湾設備や道路なども整備され、一大工業地帯へ発展したのです。う〜」

京浜工業地帯は、埋め立て地で成り立っているのだ。

9時20分

まあ、そのう〜。水江運河を渡る。

この辺一帯はJFE東日本製鉄所が広範囲に広がる。歩いても歩いてもJFEだ。規模は計り知れない。

再び、大平正芳内閣官房長官、説明を頼むぞ。

「はい、あ〜、う〜。JFEスチール東日本製鉄所は、JFEスチールの銑鋼一貫製鉄所であります。京浜地区と千葉地区に分かれており、前者は川崎市川崎区扇島1番地、後者は千葉市中央区川崎町1番地にあります。あ〜、う〜。兵庫県西宮市に西宮工場がありま す。日本鋼管と川崎製鉄の統合に伴い誕生した。京浜地区は旧・日本鋼管京浜製鉄所、千葉地区は旧・川崎製鉄千葉製鉄所（川鉄千葉）であります。う〜」

ここで、わしは、昭和時代の名経営者を紹介したい。

出光興産創始者出光佐三殿と川崎製鉄（現JFEスチール）初代社長西山弥太郎殿だ。

昭和時代には、松下幸之助殿、本田宗一郎殿、盛田昭夫殿、土光敏夫殿などなど、たくさんの有名な名経営者がいて、日本の発展を支えてきた。

この、出光佐三殿と西山弥太郎殿は、自らあまりマスコミに出ようとしなかったため、あまり有名人ではないが、日本の復興を第一に考えてくれた巨人である。わしは、今でもこのお二人のことを思い出すと目頭が熱くなるのだ。

それでは、雑誌記事より引用して紹介する。

いまから70年前、日本はこれ以上ない逆境に陥った。そう、敗戦だ。国土は焦土と化し、国は主権を失った。自分たちの仕事や生活がこれからどうなるのか見当もつかない。そんな状況に立たされたら、誰だって絶望と不安で、しばらくは何も考えられず、何も手に着かないはずだ。

だが、出光興産の創業者である出光佐三氏はそうではなかった。彼は終戦のわずか二日後に社員を集め、話した。

「1、愚痴をやめよ。2、世界無比の3000年の歴史を見直せ　3、いまから建設にかかれ」

このとき出光興産も、戦争によって海外拠点やタンカーなど多くの資産を失っており、

将来に対する明るい材料があったわけではない。それでも「歴史に立ち返れ、日本人なら必ず復活できる、さあいまから再建だ」と言ってのけた。終戦時、日本にはこのようなリーダーがいたということを、その言葉とともに記憶しておきたい。

同じころ、川崎製鉄（現ＪＦＥスチール）初代社長である西山弥太郎氏は、瓦礫の中に残った工場で、部下にこう言っている。「これから日本は戦争ではなく、貿易で金を儲けて豊かになるしかない。ただし、世界でわたり合っていくには祖国愛が重要だ。だから日本を愛しながら金儲けに徹することにしよう」

さらに、西山氏はこう続ける。

「日本は戦争に負けて、四つの島に封じ込められた。戦前の植民地なしで７０００万人余を食べさせていくには、軽工業だけで細々とやっていたのでは駄目だ。重化学工業への転換が必要だ。それには鉄だ。だから我々は、迷うことなく、製鉄業の立て直しに邁進しなければならん」

これから会社はどうなってしまうのだろうと疑心暗鬼になっている社員に向かって、ただ「大丈夫だ、心配するな」といくら繰り返しても何の足しにもならない。そこで西山氏は、戦後の日本人が目指す姿をまず具体的に示し、次いでそれを可能にするには鉄が不可欠、だからこの会社には未来がある、と順序を踏んで説明した。

つまり、日本の将来を暗示するような話をしながら、実は社員に対し、安心して働きな

さいというメッセージを発信していたのである。実際、戦後の復興から高度成長期にかけて日本では鉄の需要が飛躍的に伸びた。西山氏の目にはその光景が映っていたのだろう。その言葉には、先を見通す力とそれを論理的に伝える能力を備えたリーダーの姿がみてとれる。

（「孫 正義、古森重隆、柳井 正……仕事がラクになる『トップの言葉』図鑑」山口雅之 『プレジデント』２０１５年6月1日号）

ＪＦＥ東日本製鉄所の工場はまだ続いている。そこに猫ちゃん登場。大工場にも猫ちゃんはいる。かわゆいのう。

９時40分

まあ、そのう〜。赤い花咲く産業道路を西に向かう。浅野町工業団地入り口。日本産業を支えてきた中小企業がここにある。立派。紫の葉っぱもここにある。葉っぱも立派。

10時13分

まあ、そのう〜。浅野運河を渡って扇町埋め立て地に入った。

昭和電工の工場の隣に鶴見線昭和駅がある。鶴見線は、一度は乗ってみたかったローカル線である。鶴見線は東京地区の電車特定区間（E電）の路線の一つであり、鶴見から横浜・川崎市内の京浜工業地帯へ向かう短い路線である。
沿線は工場が多く、旅客列車はそれらの工場への通勤客が主に利用する。また旅客列車のほか貨物列車が日本貨物鉄道によって運転されている。扇町行き3両編成の鶴見本線電車がやってきた。近代化された静かな車両である。昔のイメージは汚い古い茶色のリベット打ちの電車である。

新芝浦駅に向かう途中、線路に船がいる？
線路の隣に運河があった。工場の合間の運河を気持ちよさそうに釣り船が行く。わしも釣りが好きでのう。芝浦風の風景である。

鶴見線海芝浦支線の新芝浦駅着。なんと、海の上にある。電車は11時39分発予定。のんびり潮風に吹かれていたら、眠くなってきて、ホームで大の字になって寝てしまった。
京浜工業地帯の真ん中で昼寝。スケールが大きいなあ。わしは自慢じゃないが、国会で寝たことはない。

11時43分

まあ、そのう〜。海芝浦駅着。
出口の近くに東芝京浜事業所の入り口があり、社員以外は入れない。海辺に海芝公園があり、美しい橋が見える。鶴見つばさ橋である。その橋の両端にＪＦＥ工場と東京ガス工場がある。海がきれいだな。15分ほど、ぼんやり海を見ていた。平和な国・日本ここにあり。

12時08分
まあ、そのう〜。静かな鶴見小野駅下車。
ここから、東神奈川に向かって歩く。途中、横浜市産業共同研究センターあり。横浜市は立派。鶴見大橋を渡る。左にYOKOHAMA SUPER FACTORYがある。規模は、約2万9000平方メートル（8800坪）。このスケールに、充実した機能を兼ね備えた、最先端&日本最大級のスタジオ。様々な機能が備わったスタジオの広大なスケールの中には、大小のスタジオが9つ。

まあ、そのう〜。生麦地区通過中。キリンビール横浜工場あり。キリン横浜ビアビレッジあり。ビールの製造工程を見学できる工場だそうだ。なんだかキリンビールが飲みたくなってきた。日本酒の越乃寒梅の次に好きなのだ。

国道15号線、第一京浜に入った。とても良い雰囲気の通りである。何かうまそうな店がある。東神奈川まで残り４キロ。

14時02分

まあ、そのう〜。東神奈川駅ゴール。しょっしゃ、しょっしゃ。
体が熱ち〜。わしは歳じゃからのう。まず、体を冷やさないと。おまけに腹も減った。
駅前に蕎麦屋がある。新潟十日町のへぎ蕎麦を思い出す。お邪魔。

今回は、12キロ、５時間34分の旅。

まあ〜。その〜。
終戦後の日本の「奇跡の復興」は素晴らしかった。
昭和33年世界一高い東京タワー完成。
昭和39年世界一参加国の多い東京オリンピック開催。
昭和39年世界一速い東海道新幹線完成。
昭和42年世界一規模の大きい大阪万博開催（いずれも当時の世界一）。

今日歩いた京浜工業地帯は現代の日本経済を牽引してきた。日本人のバイタリティーはすごい。

まあ、その〜。

京浜工業地帯の規模が大きくなっていたことにはびっくりした。ただし、工場内のパイプは錆錆、建物も古くなり、道も荒れだしていた。近代工場という感じはしなかった。そして、もう一つ活気がなかった。少し、疲れたような雰囲気を感じた。

ここで歴史的観点から現代の問題点並びに、その解決策について考えてみたい。日本が「奇跡の復興」を成し遂げることができたのは、主に次の4つの要因のおかげであるとわしは考える。

1. 日本人が、持ち前の真面目さ、勤勉さ、賢さを有していたこと。
2. 強力な指導力を有する政治家がいたこと。
3. 強力な行動力を有する官僚がいたこと。
4. 日本の将来のために働いた経営者がいたこと。

対して現代の日本の問題点は、次の4点だ。

1．人間力（道徳観）が完全に薄れている。
2．スケールの大きな政治家が現れない。
3．政治家の顔色をうかがう官僚が多い。
4．私利のためのみの経営者が多い。

解決策は次の通り。
1．具体的には、若い世代が日本について学び、実体験することが肝要である。日本の若者が日本民族の神話と日本建国の歴史を学び、伊勢の神宮を参拝して、歌会始に和歌を詠進するなどして、日本的価値観を共有したとき、確かに日本は本来の姿を取り戻せるだろうと思う。
2．世界から日本の首相の名前を覚えてもらえなくなって久しい。まずは同一首相による長期政権が必要である。そのためには首相となりうる逸材を日本国全体で育てていくことと首相を補佐する閣僚をしっかり選ぶことが必要になってくると思う。
3．優秀な官僚を育てるためには、学生時代から一人一人にしっかりと道徳観を持たせる必要があると思う。たとえば古事記、武士道、論語、聖書などをしっかり学ばせ、文武両道、スポーツで体を鍛えていくなど。併せて世界観を持たせるために最低でも1年間他国へ国際留学をさせる。

4. 利他の精神が必要である。現代の名経営者、稲盛和夫殿に大きく学ぶ必要がある。

いずれにしても、日本人の人間性を向上させることに尽きると思う。

日本人は古代から優れた優秀な民族である。これからの日本には必ずや「第2の奇跡」が起こるとわしは確信する。

それでは、わしが活躍した昭和の日本に帰ろう。新潟長岡で米でも作ろうかのう。

まあ～、その～現代の皆さん、ご機嫌よう。

これからの日本を頼みますぞい。

歴史はロマンだ。

◇ご当地グルメ情報

【お昼ご飯の部】

14時10分、東神奈川駅前のお蕎麦屋さん。かけそば大盛りとビール。蕎麦通は、まずかけそばを食べる。そして、ビールはラガービール。乾杯！　最高！　蕎麦はまあまあだ。

日曜日の午後。I'm off.

【おやつの部】

14時30分、東神奈川駅ホームで本日の反省会。マスカット味のストロングチューハイとチーズ鱈。これまた乾杯～！　最高！　明日の社長報告のことを忘れる。I'm so off.

◇まとめ

昭和時代には、松下幸之助、本田宗一郎、盛田昭夫、土光敏夫などなど、たくさんの有名な名経営者がいて、日本の発展を支えてきました。

また、出光佐三と西山弥太郎は、日本の復興を第一に考えていた名経営者です。以上、昭和時代の名経営者たちに以下のことを教えていただきました。

・どんなことがあっても、誠意をもって人を大切にすること。
・自分の仕事に情熱を傾けること。
・そして、素晴らしい人間性を持てるように常に努力すること。

歴史を学ぶ中で、教えていただくことは多々ありますが、本件については、すぐに具体的な実行に移したいと思います。

（7）平成時代～未来へ　横浜～川崎　折乃笠の旅

◆神奈川そして日本は、どのように未来に向かっていくのか〈現在～未来へ〉

◇今回の旅の目的

神奈川そして日本はどのように未来に向かっていくのか、我々日本人はどう考え、行動していったらよいのか、折乃笠が迫る。

◇今回のルート

〈往路〉大月駅→（中央本線）→八王子駅→（横浜線）→東神奈川駅→（根岸線）→桜木町駅

以下は徒歩で。桜木町駅→（徒歩の旅）→川崎駅　13キロ

〈復路〉川崎駅→（南部線）→立川駅→（中央本線）→大月駅

弥生時代から現在までを訪ねて、神奈川全域を歩いてきた。我ら日本人は、大きな苦難を乗り越え、創意工夫して、それぞれの時代をつくってきたことがよくわかった。日本は世界無比３０００年の歴史を持つ唯一の国であり、そのことは我々が世界に大きく誇れることである。

これから先、日本は、必ずや明るい未来をつくることができると私は信ずる。

さあ行こう、未来に向かって。

◇横浜～川崎　徒歩の旅レポート

９時30分 桜木町駅着。

超近代的な景色がここにはある。みなとみらい。これほど、地名と景色が一致しているところはないだろう。

さて、桜木町駅は明治５（１８７２）年、日本で最初に鉄道が開通したときに初代の横浜駅として開業した。その後、東海道本線の延伸に伴い「横浜駅」の名称を現在の横浜駅に譲り、大正４（１９１６）年に桜木町駅と改称された。

また、その後、すぐ近くに東横浜駅という貨物駅ができた。昭和54（１９７９）年10月、その駅の使命は終わった。鉄道の世界でも、歴史は、常に塗り替えられているのである。

9時47分 桜木町駅を出発。

今回は横浜から川崎までの徒歩の旅である。

ランドマークタワーの真下にきた。見慣れた景色も視点によってその形は大きく異なる。エレガントというよりは、力強く見える。人の見方もいろいろな視点から見て、常に良きところから見るようにしたいものである。


9時57分 三菱みなとみらい技術館着。

三菱みなとみらい技術館は平成6（1994）年、地域の人々との交流と科学技術への関心を高めることを目的に横浜に開設された。

三菱重工業が手がける最先端の科学技術・製品を「環境・エネルギー」「航空宇宙」「海洋」「交通・輸送」「くらしの発見」と「技術探検」の6つの展示ゾーンに分け、実機・模型、パネルなどでわかりやすく紹介している。

三菱重工の技術的底力を見たような気がする。その技術力は日本トップではなかろうか。戦後70年、日本の復興を大きく牽引してきた科学・技術がここにあり。未来に向かってさらに進むだろう。

交通・輸送工学（鉄道、自動車、航空機、宇宙機器、船舶、産業機械）を愛する私にとって、ここ三菱みなとみらい技術館は、まさしく別天地とでも言うべき場所である。1日いても、まだまだ見足りない。

10時40分 出発

国道15号線を川崎に向けて行く。

観光スポット周遊バス「あかいくつ号」が行く。レトロ&みらい感あり。みなとみらいにも、ビルの合間にまだ緑の空き地がある。未来に向かってどんな建物が建てられるのか楽しみである。ニトリがBMWを販売？　これまた未来的景色だ（調べたところ、そこは複合商業施設で、各店は独立しているらしい）。

10時59分

みなとみらい大橋を渡る。近代的なビル、レトロな建物の中、橋がある。多くの人たちがジョギングでこの橋を渡る。

この素敵な街を走ることで、人は明るい希望につながる気がする。今や横浜は、かつての地方の小さな港町というイメージから超近代的な湾岸都市へと大きく変わっていった。その中で、昔の良き時代の建物、文化や風習が、うまく保存されており、まさしく新と旧がうまく融合され、日本的な素晴らしい都市になった。そしてこれからも、さらに未来に向かって、魅力的な街になっていくだろう。

11時16分

国道15号線を東に歩いている。

ここのバス停で、感動的なポスターに出会った。

「『100年も先のことは、わからない』

なんて言うのはやめよう。

そう決めました。」

一枚のポスターが未来をつくる。

今を生きる人たちが、100年先のことにまで責任を持った行動が必要という意味だと思う。未来は未来の人がつくるのではなくて、今の人がつくるのだと思う。

川崎へ続く国道15号線は、新旧いろいろな顔を持つ。

車道8車線、歩道10メートルの超ワイドな道。昔懐かし手漕ぎポンプ。超日本的な銭湯。ガード下の飲み屋さん。100年先の未来にもこれらが残っていてほしい。

14時05分 川崎東芝未来科学館着。

「館長あいさつ

東芝未来科学館はエレクトリックとエレクトロニクスを中心とした最先端技術・歴史・科学の（体験）展示・情報発信、さらに科学技術教育等への貢献（イベント／実験教室等を通じて）、そして産業遺産の保存・展示（アーカイブ）です。」

東芝は弱電強電の世界において、高い技術力とパイオニア精神で日本経済を牽引してきた。戦後70年、日本の電機メーカーはそれぞれがその個性を生かして世界トップクラスになった。「三菱 天皇、東芝 公家、日立 野武士、パナソニック 商人」と言われている。私は、未来永劫、日本の電機メーカーが、ますます世界をリードしていくことを願ってやまない。

14時55分

川崎駅着。ゴール。今回は、13キロ 5時間8分の旅だった。

小雨の中、心地よい徒歩の旅であった。横浜、川崎は、今後ますます日本の未来に貢献していくだろう。川崎駅の中は相変わらず活気があって明るく賑やかだ。未来の日本にも、こうあってもらいたい。

◇ご当地グルメ情報

【お昼ご飯の部】

13時45分、川崎駅前の中華飯店。レバ野菜定食、コクがあって超うまい。後半、大好きな酢とラー油で食べる。これまた超美味。この味は未来にも残したい。

【おやつの部】
14時55分、川崎駅ホームで反省会。秋限定のビールとおつまみコレクション。乾杯～！最高！　燻製チーズと限定ビールがベストマッチング。この幸せ、未来に伝えたい。

◇まとめ
人間学を学ぶ月刊誌『致知《ちち》』２０１５年11月号に素晴らしい対談記事が載っていた。今回は、分かりやすく伝えるために折乃笠が司会者として参加して紹介し、私の見解も併せて述べることとしたい。

＊

折乃笠　本日は、京都大学名誉教授の中西輝政さんとジャーナリストの櫻井よしこさんに日本の進むべき道を語り合っていただきたく存じます。よろしくお願いいたします。
中西　こちらこそよろしくお願いいたします。
櫻井　よろしくお願いいたしますわ。
折乃笠　私は、弥生時代から現代を訪ねて、神奈川全域を歩いてきました。我ら日本人は、大きな苦難を乗り越え、創意工夫して、それぞれの時代をつくってきたことがよくわかりました。日本は世界無比３００年の歴史を持つ唯一の国であり、そのことは世界に大きく誇れることだと思います。これから先、日本は、必ずや明るい未来をつくることができると信じています。

『リーダーは遠きを慮れ
京都大学名誉教授中西輝政vsジャーナリスト櫻井よしこ』

中西：日本はもともと、世のため人のため、そしてお国のため、という素晴らしい心を持っていたんです。ところが戦後、誤った自虐的な歴史観が広がったため、「そういうのは全体主義、軍国主義になるんだ。けしからん」となった。むしろ自分の欲望だけに生きるのが新しくていいんだということでずっと突っ走ってきました。その結果、いま、日本の国は内外ともにいよいよ抜き差しならないところにきています。そういう中でいよいよ日本本来の心を、国も民も回復しなければ、この国の未来は本当になくなってしまうと私は憂慮しています。それゆえにこそ、いま本来の歴史観を回復することが大切なのです。

櫻井：二十一世紀のリーダーたる資格を持っている国は、日本ではないかと私は思います。といっても、いまの日本、つまり戦後の日本ではなく、長い歴史の中で形成した本来の日本です。中国やアメリカなどと比べて日本型の民主主義が素晴らしいと思うのは、皆が幸せになることを目指しているところです。この考え方は十七条憲法から来ていると思います。民を大御宝として、上に立つ人は民が眠っている間に起き出して働きなさいとか、民に税を課す際も、田植えの時ではなく冬の仕事のない時にしなさいとか、本当に民を大事にしています。

七世紀初頭にあんなに優れた価値観を打ち出して、国是とした国は日本だけです。私たちは以来千数百年の間、本当に民主主義的な、一人ひとりを大事にする価値観を実践してきた国家なのです。他国とも今日まで数えるほどしか戦争をしていない。他の国はどうかというと、中国を含めて他国との紛争や戦争を繰り返しています。

民を大事にする優しさを持ち、平和で、穏やかな暮らし振りを続ける一方で、戦うべき時には立ち上がる雄々しさを兼ね備えている大国は、日本しかありません。だからこそ日本は二十一世紀のリーダーたり得ると思うのです。

ただ、そうなるためには政治家も国民も、歴史や、私たちが大切に育んで守ってきた価値観を知らなければなりません。

中西：おっしゃるとおりです。私は今回の有識者懇談会での経験や、あの狂ったような反安保法案の気運、そうしたところでの日本人の根深い迷妄を見ていて、これはもう歴史観という一番の大本から日本を正さなければダメだと本当に痛切に感じました。これから

は日本人の歴史観を再生させる仕事に残りの人生を懸けようと決意を固めました。

櫻井：自分、日本人が何者であるかを知らない人物が、日本の価値観を掲げて世界のリーダーたり得ることはあり得ません。ですから私たちは歴史を学び、日本という国をよく知ることによって、初めて世界のリーダーたる資格を身につけることもできる。そういう遠き慮りが不可欠だと思います。

折乃笠　私の今回の旅の目的は、日本はこれからどのようにして未来に向かっていくのか、我々日本人はどう考え行動したらよいのかを知ることでした。そして、その答えは、「歴史を学び、日本という国をよく知る」でした。今回の中西先生、櫻井さんの対談の結論と一致して非常にうれしいです。

次節が「神奈川県の歴史を訪ねる徒歩の旅」のまとめになります。自他ともに納得のいく最終回にしたいと思います。

(8) まとめ

4年間、山梨と東京の自然、文化、生活などを歩くことにより自分自身の五感と足で探索してきました。徒歩は手段、目的は修行をすることにより自己を高めることにありました。

2015年は、目的は自己を高めることには変わりはないが、手段として神奈川という魅力的な場所の歴史を調べ、徒歩で訪ね、自分なりの考察をするという新しい試みにチャレンジしました。

これらの旅を通して、まず自国の歴史を学び、日本という国をよく知ることが大切だと感じました。我ら日本人は、これまで大きな苦難を乗り越え、創意工夫して、それぞれの時代をつくってきたことがよくわかったのです。

本書に収録できなかった旅も加え、全体をまとめます。

◇旅の概要

【1】弥生時代　三浦半島

三浦半島には海蝕洞窟遺跡が30カ所ある、有名なのが毘沙門洞窟。水稲農耕を開始した弥生人がなぜ海の生活をしていたかについて弥生人の一つ時代の先輩である縄文人の目から迫りました。

縄文時代から弥生時代への変化は大きく、弥生時代には21世紀現代の日本文化の骨格がつくられ始めていたことがわかりました。

【2】奈良時代　海老名～大磯（未収録）

相模国分寺。奈良時代、仏教の安泰をはかるために、政府は国ごとに国分寺を建てさせたといいます。

そして国司を派遣して地方行政を実施させました。中央政府の思惑とその役割について、聖武天皇（第45代天皇）が現地に赴き、実情確認を実施したのです。

奈良時代に始まった国分寺について、現代の人々は、その意義、目的を十分理解していることもまた、わかりました。

【1】海蝕洞窟遺跡

【2】相模国分寺跡

21世紀という超高度な文明の中にあっても、こうしてきちんと仏教が受け継がれていることに私は日本人の魂がしっかり伝承できていると、改めて確信しました。

【3】鎌倉時代　鎌倉

日本は、鎌倉時代から政治の権力が朝廷から幕府へと移っていき、武家政治の時代になっていきました。そこで、鎌倉幕府の誕生から繁栄、そして終焉までを、初代将軍・源頼朝の妻・北条政子が鎌倉全域を歩き訪ねながらその内容を解き明かしました。

北条政子の政治的功績は日本の歴史上非常に大きいことがわかりましたが、母親としての政子は決して幸せには見えず、むしろ哀れで、私には政子が可哀想に思えてなりませんでした。

歴史上の人物の生きざまを知ることも、現代を生きる我々にとって重要なことなのだ、と思いました。

【4】室町時代　小田原　（未収録）

政治の中心が京都に移り関東には権力の空白が生まれました。その中で戦国時に関東の一円支配を目指したのが北条氏であります。

【3】鎌倉の大仏

【4】美しい小田原城

近接する甲斐の国の国主武田信玄の目から北条氏に迫りました。
小田原というところは、北条氏の良き人柄がそのまま街を形づくっていることがわかりました。歴史上においても、一番大切なものは人間性です。

【5】江戸時代　箱根

東海道五十三次、江戸時代の陸の大動脈。小田原〜箱根・天下の嶮を、当時を偲びながら歩き、江戸文化について水戸黄門が迫りました。

江戸時代の政治、文化、技術は、当時の日本が鎖国していたにもかかわらず、世界的高水準にあったのではないかと思います。そしてもし、江戸時代がそのまま続いていたならば、イギリスのような産業革命が起きていたかもしれません。

現代の私たちは、世界の中での日本人の優秀性に誇りを持つことができます。

【5】箱根芦ノ湖

【6】江戸時代　浦賀　（未収録）

嘉永6（1853）年、西洋文明の象徴である蒸気船を率いて浦賀にペリーが出現。黒船来襲、幕末開始、日本国は大きく変わり始めます。その頃の日本と現在の日本をペリーはどう見たかに迫りました。

明治維新前の日本は、大自然と生活が見事に調和し、人々は勉強と仕事に励み、質素で慎ましく、それでも、笑いの絶えない、伸び伸びとした生活を送っていました。それは、現代の私たちが失いかけている一番大切なものだと思います。

【7】明治時代　横浜

横浜開港時代と現代について「赤い靴はいてた女の子」の目から探りました。

明治時代、赤い靴のきみちゃんは両親のことはほとんど知らず、幼くして結核を患い、最後はわずか9歳にして一人、孤児院で亡くなっていきました。せめて亡くなる前にお母さんの顔を見たかったでしょうね。

まだ、日本国全体が貧しかったこの時代、このような悲しい出来事はほかにもたくさんあったのだろうと私は思います。昔の日本人が経験したこのような切なさもぜひ皆が知っておくべきことだと思いました。

歴史にまつわる話に涙する感性も時には必要です。

【6】黒船が出没した海

【7】外人墓地

【8】昭和時代　横須賀　（未収録）

なぜ、現在ここ横須賀に米軍横須賀基地があるのか、東京裁判の敗戦国の立場からなのか、東京裁判のブレイクニー弁護人の目で迫りました。

第二次世界大戦後、東京裁判にて日本は完全に敗戦国として扱われ、米国から出された全ての条件を受け入れねばならず、横須賀の米軍基地も然りです。

しかし、日本人のすごさは、そこで終わらなかったことです。持ち前の真面目さ、勤勉さ、賢さで、世界の奇跡とまで言われた完全復興により、世界第3位の経済大国になりました。

【9】昭和時代　川崎

なぜ、終戦まもなく日本人は奇跡の復興を成し、世界有数の京浜工業地帯をつくり上げることができたのか、田中角栄元総理大臣の目から迫りました。

日本の「奇跡の復興」ができたのは、次の4つのことが要因であると考えられます。

【8】よこすか海岸通り

【9】大同特殊鋼と屋形船

1. 日本人は、持ち前の真面目さ、勤勉さ、賢さを有していたこと。
2. 強力な指導力を有する政治家がいたこと。
3. 強力な行動力を有する官僚がいたこと。
4. 日本の将来のために働いた経営者がいたこと。

【10】現在～未来へ　横浜～川崎

神奈川そして日本は、今後、どのように未来に向かっていくのか、我々日本人はどう考え、行動していったらよいのか、折乃笠が迫りました。

これからの日本人は、未来に向かって、どんな苦難があっても、今まで以上に日本人らしく、邁進していくことが使命だと思います。その結果、世界をリードすることが可能になるのだと思います。

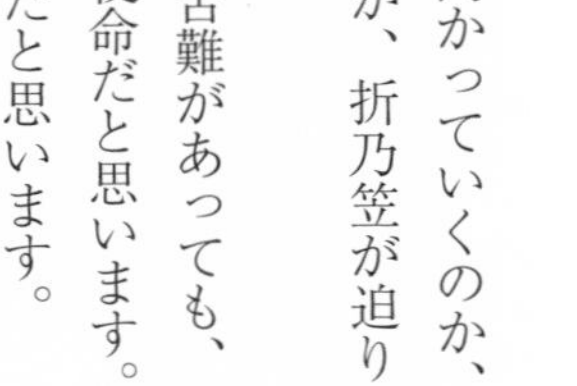
【10】みなとみらいの街

今回、私は、このような多くの歴史を知ることにより、感動、涙し、また、新たな希望を持つことができました。私は、歴史によって魂を大きく揺さぶられました。新たなる生きるための指針、そして、これからさらに歴史を深く学ぶ決意ができました。

これから先、日本は、必ずや明るい未来をつくることができると信じています。自分も日本人としての誇りを持ち、その一員になりたいと思います。

それでは最後にもう一度。
歴史は、いろいろな人の生きざまを教えてくれる。
歴史を学ぶことは、人生を考えること。
歴史は、ロマンだ。
大きな希望を持って進んでいきましょう。

なお、今回紹介できなかった未収録分をお読みになりたい方は、ホームページ「折乃笠公徳 情報の森」（http://orinokasa.com/）をご覧ください。
併せて、収録分の写真も掲載しております。

おわりに

最初の頃は、私にとって徒歩の旅をすること自体が目的（何のためにやるのか）でありましたが、徒歩の旅を続ける中でそれは手段に変わりました。それは私流に言えば修行であり、目的は「修行をすることにより自己を高めること」と考えるようになりました。さらに自分の心身能力以上の目標（いつまでに何をどうするか）を設定し、チャレンジという要素も含むようになりました。

冒頭から硬い話になってしまいましたが、私は血液型B型のさそり座、下町生まれの性格（読者の皆様はお分かりかと思いますが）から、臨機応変、結果より過程重視、何でも楽しんでしまう性格のため、全てのチャレンジ・修行は終わってみれば、とても楽しい思い出になっています。文章と写真は財産です。

さて、今回の折乃笠部長徒歩の旅では、自身の知見や知識がさらに広くなり、新しい価値観や希少な経験を得ることができました。東京23区探索や神奈川探索により、日本そして日本人の素晴らしさを自分の五感と足で十二分に感じることができました。大月―日野ノンストップ徒歩の旅により、口だけの世界から行動をやりきる世界、人生観が変わったような気がします。

全ての徒歩の旅から、多くの見聞と出会いと経験により多くの深い感動を得ることができました。魂を揺さぶられたと言っても過言ではないと思います。日本人に生まれてほんと良かったとしみじみ思いました。

これからの日本人は、未来に向かってどんな苦難があっても、今まで以上に日本人らしく邁進していくことが使命だと思います。これから先、日本は必ずや明るい未来をつくることができると信じています。自分も日本人としても誇りを持ち、その一員になりたいと思います。

そのためにも、これからも自身のチャレンジ・修行を続け、自己を高めていくことが必要だと思っています。

今後、宗教とは何かについての探索の旅、人間らしく生きるにはどうすればよいかの追求、科学的に「心」とは何かの考察などを、再考したいと考えています。

さらに、自己を高めるとは、具体的に人の何のファクターがどのくらい高められたことなのか、結果日常生活にどのように良い影響を与えているのかを追求していきたいと思っています。

世のため、人のため、今まで苦労をかけた家族のために、まだまだ突っ走ろうと思います。

最後に、本書制作にあたりご尽力いただいた文芸社出版企画部の山田さん、編集部の今泉さんに感謝致します。

「刊行に寄せて」にて、身にあまるお言葉をいただきました会社時代直属の上司・元常務執行役員下成誠様にお礼申し上げます。

いろいろなご意見、叱咤激励、お酒のお付き合いをしてくれる、幼なじみ、学生時代の友人、元会社の先輩・同僚・後輩、ご近所さん、多くの知人の皆様に感謝申し上げます。

そして、いつも私をサポートしてくれる家内及び5人の子どもたち（うち2人はお嫁さん）に「いつもありがとうさん」です。

令和2年6月

折乃笠公徳

著者プロフィール
折乃笠 公徳（おりのかさ こうとく）
1957年11月生まれ。
東京都葛飾区立石出身、山梨県大月市在住。
長岡技術科学大学大学院修了。
大型商用車メーカーを2019年12月31日に退職。
著書に、『全力で突っ走れ！ 蔵出し 折乃笠部長ブログ』（2020年、文芸社）がある。

全力で歩き通せ！ 折乃笠部長徒歩の旅

2020年10月15日 初版第１刷発行

著 者 折乃笠 公徳
発行者 瓜谷 綱延
発行所 株式会社文芸社
〒160-0022 東京都新宿区新宿1－10－1
電話 03-5369-3060（代表）
03-5369-2299（販売）

印刷所 株式会社フクイン

ISBN978-4-286-22002-4 日本音楽著作権協会（出）許諾第2006133－001号